Découvrez des Jeux Gratuits en Ligne

Disponible Ici :

BestActivityBooks.com/FREEGAMES

5 ASTUCES POUR DÉMARRER !

1) COMMENT RÉSOUDRE LES MOTS MÊLÉS

Les puzzles sont dans un format classique :

- Les mots sont cachés sans espaces, tirets, ...
- Orientation : Les mots peuvent être écrits en avant, en arrière, vers le haut, vers le bas ou en diagonale (ils peuvent être inversés).
- Les mots peuvent se chevaucher ou se croiser.

2) UN APPRENTISSAGE ACTIF

Un espace est prévu à côté de chaque mots pour noter la traduction. Pour favoriser un apprentissage actif un **DICTIONNAIRE** à la fin de cette édition vous permettra de vérifier et étendre vos connaissances. Cherchez et notez les traductions, trouvez-les dans le Puzzle et ajoutez-les à votre vocabulaire !

3) MARQUEZ LES MOTS

Vous pouvez inventer votre propre système de marquage. Peut-être en utilisez-vous déjà un ? Sinon, vous pourriez, par exemple, marquer les mots qui ont été difficiles à trouver d'une croix, ceux que vous avez aimés d'une étoile, les mots nouveaux d'un triangle, les mots rares d'un diamant, etc...

4) STRUCTUREZ VOTRE APPRENTISSAGE

Cette édition vous offre un **CARNET DE NOTES** très pratique à la fin du livre. En vacances ou en voyage ou à la maison, vous pouvez facilement organiser vos nouvelles connaissances sans avoir besoin d'un second bloc-notes !

5) VOUS AVEZ FINI TOUTES LES GRILLES ?

Allez à la section bonus **CHALLENGE FINAL** pour trouver un jeu gratuit à la fin de cette édition !

Simple et Rapide ! Découvrez notre collection de livres d'activités pour votre prochain moment de détente et **d'apprentissage**, à juste un clic de distance !

Trouvez votre prochain défi sur :

BestActivityBooks.com/MonProchainLivre

À vos marques, prêts... Partez !

Saviez-vous qu'il existe environ 7 000 langues différentes dans le monde ? Les mots sont précieux.

Nous aimons les langues et avons travaillé dur pour créer les livres de la plus haute qualité pour vous. Nos ingrédients ?

Une sélection des thématiques d'apprentissage adaptée, trois belles parts de divertissement, puis nous ajoutons une cuillère de mots difficiles et une pincée de mots rares. Nous les servons avec soin et un maximum de plaisir pour vous permettre de résoudre les meilleurs jeux de mots mêlés qui soient et d'apprendre en vous amusant !

Votre avis est essentiel. Vous pouvez participer activement au succès de ce livre en nous laissant un commentaire. Nous aimerions vraiment savoir ce que vous avez préféré dans cette édition !

Voici un lien rapide qui vous mènera à la page d'évaluation de vos commandes :

BestBooksActivity.com/Avis50

Merci pour votre aide et amusez-vous bien !

De la part de toute l'équipe

1 - Été

```
Ú  C  G  W  Z  O  O  L  F  F  Þ  B  L  G
T  Ó  N  L  I  S  T  E  E  J  E  Æ  G  B
J  N  R  V  E  U  I  I  R  Ö  S  K  A  C
Æ  V  J  R  L  Ð  L  K  Ð  L  T  U  R  D
Ð  S  K  Ó  J  U  I  I  A  S  J  R  Ð  A
A  Ð  S  Y  N  D  A  R  S  K  Ö  F  U  N
L  H  P  L  R  F  N  Q  T  Y  R  X  R  R
V  D  R  J  K  D  I  L  J  L  N  F  K  X
X  I  J  T  Í  M  I  S  T  D  U  K  F  F
K  E  N  H  N  F  D  F  J  A  R  A  P  M
L  A  A  I  O  R  I  Ð  K  Ó  V  N  T  L
U  O  O  R  R  Í  U  D  V  J  G  S  D  F
T  Y  C  H  S  L  Ö  K  U  N  L  X  L  F
F  Þ  M  A  T  U  R  P  P  X  N  Ð  D  W
```

VINIR	TÓNLIST
ÚTJÆÐA	AÐ SYNDA
STJÖRNUR	MATUR
FJÖLSKYLDA	FJARA
GARÐUR	KÖFUN
LEIKIR	SLÖKUN
GLEÐI	SKÓ
BÆKUR	FRÍ
TÍMIST	FERÐAST
SJÓ	

2 - Adjectifs #2

```
N  V  G  L  A  Á  Ö  M  S  L  J  S  P  Z
Á  I  L  Ý  S  S  B  F  T  S  F  T  Þ  D
T  L  Æ  S  D  Þ  D  Y  L  T  R  E  A  U
T  L  S  A  Q  G  Þ  O  R  U  Æ  R  Þ  S
Ú  T  I  N  Á  L  F  B  O  G  G  K  Z  A
R  K  L  D  H  R  E  I  N  T  U  U  L  L
U  E  E  I  U  P  T  E  Þ  U  R  R  R  T
L  K  G  C  G  Þ  H  U  Q  V  A  K  E  U
E  T  U  S  A  S  Y  F  J  A  Ð  U  R  R
G  A  R  Y  V  D  R  A  M  A  T  Í  S  K
T  I  N  H  E  I  L  B  R  I  G  Ð  U  R
C  L  A  Ý  R  S  K  A  P  A  N  D  I  J
W  Ð  Q  V  T  Y  G  Y  B  V  Y  Q  N  L
M  S  T  O  L  T  U  R  P  O  L  R  Y  Z
```

EKTA	NÝTT
FRÆGUR	ÖFLUGUR
SKAPANDI	HREINT
LÝSANDI	ÁBYRGUR
DRAMATÍSK	HEILBRIGÐUR
GLÆSILEGUR	SALTUR
STOLTUR	VILLT
STERKUR	ÞURR
ÁHUGAVERT	SYFJAÐUR
NÁTTÚRULEGT	

3 - Exploration

```
L A D K B Þ H F X F G M P H
S A L Q M J A Þ K Ð Ð E X U
P M N L Q H V V I R K N I G
E D I D M Æ Ð I U Ú I N F R
N Ý T T S G S L A M Y I E E
N R F S A L S L E M L N R K
A L J Ð I Ð A T N I C G Ð K
N X S Z Z B L G A R T U A I
D T B S W Q T Æ I E P M S I
O R I H W F J A R L Æ G T J
U P P G Ö T V U N A Q B W T
H Æ T T U L E G U R U I V O
J Á K V Ö R Ð U N F I W V R
Ó Þ E K K T U N G U M Á L X
```

VIRKNI	ÓÞEKKT
DÝR	TUNGUMÁL
AÐ LÆRA	FJARLÆG
HUGREKKI	NÝTT
MENNINGU	HÆTTULEGUR
UPPGÖTVUN	LEIT
ÁKVÖRÐUN	VILLT
RÚM	LANDSLAGI
SPENNAN	FERÐAST
MÆÐI	

4 - Formes

```
X M Y Þ S P O R B A U G K R
P R I S M S K H Q M R J Ú É
M A R G H Y R N I N G C L T
Ð F K S T R O K K A H P A T
K P E X B R Ú N I R Y Ý T H
P C I R J O C Z H B P R E Y
Z S L F N T E G L L E A N R
S Ð A X X I L F Í Þ R M I N
H B R H U L N N N J B Í N I
M L E S B R G G A G O D G N
R G I H R I N G U B L A U G
O X R Ð H R I A O R A X R U
S P O R Ö S K J U L A G A R
H O R N H C W H F E R I L L
```

ARC
BRÚNIR
FERNINGUR
HRING
HORN
FERILL
KEILA
HLIÐ
TENINGUR
STROKKA

SPORBAUG
HYPERBOLA
LÍNA
SPORÖSKJULAGA
MARGHYRNING
PRISM
PÝRAMÍDA
RÉTTHYRNINGUR
KÚLA

5 - Adjectifs #1

```
Ö  Ð  R  D  G  Ð  G  B  L  E  S  I  V  H
F  R  M  E  V  R  U  M  G  T  A  L  S  Æ
A  B  L  M  S  J  Í  G  J  U  K  M  Y  G
L  M  S  Á  Y  W  O  Ð  D  R  L  A  K  T
L  I  R  Ö  T  A  Ð  L  A  Ð  A  N  D  I
E  K  L  Þ  M  U  Y  Þ  E  R  U  D  Z  X
G  I  L  H  Y  U  R  S  R  P  S  I  N  F
A  L  F  M  O  Þ  U  N  G  T  L  T  Z  I
L  V  F  R  A  M  A  N  D  I  W  Þ  Ó  P
G  Æ  L  I  S  T  R  Æ  N  N  C  X  F  R
E  G  Z  Þ  U  N  N  U  R  U  N  G  U  R
R  T  H  E  I  Ð  A  R  L  E  G  U  R  X
N  Ú  T  Í  M  A  V  I  R  K  U  R  P  C
M  E  T  N  A  Ð  A  R  L  E  G  T  Q  J
```

ALGER
VIRKUR
METNAÐARLEGT
ILMANDI
LISTRÆNN
AÐLAÐANDI
FALLEG
FRAMANDI
GRÍÐARSTÓR
ÖRLÁTUR

HEIÐARLEGUR
SÖMU
MIKILVÆGT
SAKLAUS
UNGUR
HÆGT
ÞUNGT
ÞUNNUR
NÚTÍMA

6 - Instruments de Musique

```
N A J L P Þ I V F V E T W S
G K H P O A Y V K A T X L R
P Í A N Ó F I Ð L U G O N G
A F R Q W G Í T A R B O P C
M L P H T S Z R R Þ A B T J
B A A T R E Ó O I N N K M T
O U R Q O L B M N T J J A S
V T K I M L Ó P E K Ó R N S
B U C R M Ó A E T T E U D A
U Á L P A B A T T O K T Ó X
M O S B S L A G V E R K L Ó
B M K Ú U M D N J O W L Í F
U P M U N N H Ö R P U L N Ó
R F X Z M A S Z T X R Y Y N
```

BANJÓ
FAGOTT
KLARINETT
FLAUTU
GONG
GÍTAR
MUNNHÖRPU
HARPA
ÓBÓ
MANDÓLÍN

MARIMBA
SLAGVERK
PÍANÓ
SAXÓFÓN
TROMMA
BUMBUR
BÁSÚNA
TROMPET
FIÐLU
SELLÓ

7 - Échecs

```
R  E  G  L  U  R  W  M  T  N  S  M  K  Á
V  Þ  G  S  Z  H  S  K  Á  Í  E  Ó  O  S
M  Ó  T  M  Æ  L  A  N  D  I  M  T  N  K
K  E  P  P  N  I  Ð  Z  J  L  L  I  U  O
S  Þ  Q  Ð  V  Z  L  Z  N  A  P  C  N  R
V  V  L  B  Ð  P  Æ  K  A  Z  L  W  G  A
A  Q  F  T  F  Ó  R  N  Ð  J  J  L  U  N
R  Y  T  U  T  O  A  L  E  I  K  U  R  I
T  M  I  O  H  V  Í  T  U  R  L  F  Ð  R
S  L  E  I  K  M  A  Ð  U  R  J  Q  L  Ð
V  T  N  Ð  L  K  M  E  I  S  T  A  R  I
W  Ð  I  A  Ð  G  E  R  Ð  A  L  A  U  S
D  C  M  G  P  S  T  E  F  N  U  H  M  R
D  R  O  T  T  N  I  N  G  C  A  S  F  V
```

MÓTMÆLANDI   SVART
AÐ LÆRA   AÐGERÐALAUS
HVÍTUR   STIG
MEISTARI   DROTTNING
KEPPNI   REGLUR
ÁSKORANIR   KONUNGUR
SKÁ   FÓRN
SNJALL   STEFNU
LEIKUR   TÍMI
LEIKMAÐUR   MÓT

8 - Herboristerie

```
B A S I L A K Z K L M M G S
I L M A N D I V S O A A A T
C U L D N L Ð R B F T R R E
E C U J Q M P Y K N R J Ð I
F S M N C Y E H B A E O U N
N N T F E N N E L R I R R S
I S I R G T A U Ó B Ð A W E
G A M Ó A U L A M L S M Y L
R F J S G G Æ Ð I Ó L Ð E J
Æ F A M N I O T C M U K Þ A
N R N A L E Q N B R A G Ð O
T A B R E Y N L J F B T N D
U N N Í G B X Ð F I P A C L
F J P N H V Í T L A U K U R
```

HVÍTLAUKUR	LOFNARBLÓM
ILMANDI	MARJORAM
BASIL	MYNTU
GAGNLEG	STEINSELJA
MATREIÐSLU	GÆÐI
ESTRAGON	RÓSMARÍN
FENNEL	SAFFRAN
BLÓM	BRAGÐ
EFNI	TIMJAN
GARÐUR	GRÆNT

9 - Véhicules

```
D  G  P  I  P  J  F  D  E  K  K  P  K  T
R  Ú  T  U  B  Í  L  L  B  G  Y  Þ  A  U
Á  E  H  M  A  Q  U  T  E  Y  B  Y  F  P
T  Y  I  Y  S  Ð  G  Ð  P  K  G  R  B  D
T  C  U  Ð  I  T  V  X  K  A  I  L  Á  V
A  F  W  M  H  Ð  É  U  X  P  Y  A  T  R
R  E  Þ  Ó  Þ  J  L  J  Þ  T  I  W  U  U
V  Ð  M  T  H  J  Ó  L  H  Ý  S  I  R  I
É  R  D  O  B  V  P  L  Ð  E  K  S  M  O
L  V  Ö  R  U  B  Í  L  L  B  Á  T  U  R
Ð  E  S  K  U  T  L  A  F  E  R  J  A  I
Ð  S  S  J  Ú  K  R  A  B  Í  L  L  Ð  Ð
A  P  N  T  T  A  X  I  X  Q  Z  M  W  G
W  U  E  L  D  F  L  A  U  G  E  Þ  F  Y
```

SJÚKRABÍLL   SKUTLA
FLUGVÉL   DEKK
BÁTUR   FLEKI
RÚTU   VESPU
VÖRUBÍLL   KAFBÁTUR
HJÓLHÝSI   TAXI
FERJA   DRÁTTARVÉL
ELDFLAUG   LEST
ÞYRLA   REIÐHJÓL
MÓTOR   BÍLL

10 - Camping

```
T  U  N  G  L  K  W  D  B  W  H  W  K  Æ
V  P  Q  C  U  L  L  Ý  Ú  O  W  Ð  O  V
P  Q  Y  Y  K  W  M  R  N  U  P  N  R  I
H  R  N  Á  T  T  Ú  R  A  N  T  Ð  T  N
S  G  S  L  W  Y  R  V  Ð  V  Z  Y  P  T
K  Q  T  K  Á  Þ  E  K  U  L  E  I  G  Ý
Ó  F  Ö  W  T  V  I  M  R  K  E  I  M  R
G  J  Ð  J  T  V  P  I  Þ  K  E  S  Ð  I
U  A  U  O  A  C  I  H  B  G  L  E  Þ  A
R  L  V  B  V  N  M  K  W  W  D  E  L  X
E  L  A  G  I  O  O  A  C  S  U  H  F  E
R  Þ  T  N  T  H  E  N  G  I  R  Ú  M  A
I  W  N  X  A  C  A  Ó  T  J  A  L  D  L
H  A  T  T  U  R  S  K  O  R  D  Ý  R  C
```

DÝR	ELDUR
ÆVINTÝRI	SKÓGUR
ÁTTAVITA	HENGIRÚM
KLEFA	SKORDÝR
KANÓ	STÖÐUVATN
KORT	LUKT
HATTUR	TUNGL
VEIÐA	FJALL
REIPI	NÁTTÚRAN
BÚNAÐUR	TJALD

11 - Conservation

```
S  J  Á  L  F  B  O  Ð  A  L  I  Ð  I  K
G  J  B  Ú  S  V  Æ  Ð  I  Y  S  X  H  C
N  R  Á  U  M  H  V  E  R  F  I  S  N  I
Q  T  Æ  L  Y  H  O  E  Þ  V  K  E  H  X
G  K  Ð  N  F  M  E  N  G  U  N  N  M  V
H  E  G  B  T  B  A  I  Ð  Y  T  D  E  I
M  I  N  N  K  A  Æ  V  L  B  W  U  N  S
L  Í  F  R  Æ  N  T  R  Z  S  U  R  N  T
U  N  L  A  I  V  K  C  F  Þ  A  V  T  K
H  Q  G  F  V  A  R  N  E  I  R  I  U  E
Y  H  H  Z  K  T  H  W  C  N  N  N  N  R
Ð  U  H  R  I  N  G  R  Á  S  Y  N  Q  F
B  R  E  Y  T  I  N  G  A  R  G  A  C  I
N  Á  T  T  Ú  R  U  L  E  G  T  C  D  F
```

SJÁLFBOÐALIÐI   NÁTTÚRULEGT
BREYTINGAR   LÍFRÆNT
HRINGRÁS   VARNEIRI
SJÁLFBÆR   MENGUN
VATN   ENDURVINNA
UMHVERFIS   MINNKA
VISTKERFI   HEILSA
MENNTUN   GRÆNT
BÚSVÆÐI

12 - Écologie

```
N  G  R  Ó  Ð  U  R  D  R  Ð  W  L  G  F
Á  Á  D  Ý  R  A  L  Í  F  L  O  R  A  J
T  E  T  V  P  V  E  Ð  U  R  F  A  R  Ö
T  L  C  T  T  E  G  U  N  D  R  X  Ð  L
Ú  Y  O  E  Ú  Ð  H  P  K  B  C  G  X  L
R  Ð  Q  W  Q  R  T  N  Q  Þ  B  Z  A  C
A  S  V  N  Z  C  U  W  K  L  I  F  U  N
N  A  L  Þ  J  Ó  Ð  L  E  G  T  M  Ð  S
U  M  Y  E  Þ  D  W  Z  E  J  F  A  L  J
O  F  B  Ú  S  V  Æ  Ð  I  G  S  R  I  Á
K  É  S  J  Á  L  F  B  Æ  R  T  S  N  V
P  L  Ö  N  T  U  R  I  P  T  Þ  H  D  A
R  Ö  F  J  Ö  L  B  R  E  Y  T  N  I  R
Ð  G  Þ  U  R  R  K  A  R  F  M  K  R  S
```

VEÐURFAR	SJÁVAR
SAMFÉLÖG	FJÖLL
FJÖLBREYTNI	NÁTTÚRAN
SJÁLFBÆR	NÁTTÚRULEGT
TEGUND	PLÖNTUR
DÝRALÍF	AUÐLINDIR
FLORA	ÞURRKAR
ALÞJÓÐLEGT	LIFUN
BÚSVÆÐI	GRÓÐUR
MARSH	

13 - Astronomie

```
L O F T S T E I N S F G G P
K Þ O K K A Q G C T O E Þ V
A L H E I M U R Y J Ö R Ð F
Þ I Y F K Z L U C Ö O V E N
O B S E R V A T O R Y I E A
H I M I N N N G O N S T L P
G C E Q U I N O X U J U D P
E O G A L A X Y B M Ó N F B
I S Ó L V X A Z Z E N G L T
S M Þ H T W B U N R A L A U
L O M Y R K V I G K U Y U N
U S M Á S T I R N I K Ð G G
N R F G E I M F A R I P X L
R E I K I S T J A R N A S E
```

SMÁSTIRNI	LOFTSTEIN
GEIMFARI	ÞOKKA
HIMINN	OBSERVATORY
STJÖRNUMERKI	REIKISTJARNA
COSMOS	GEISLUN
MYRKVI	GERVITUNGL
EQUINOX	SÓL
ELDFLAUG	JÖRÐ
GALAXY	SJÓNAUKI
TUNGL	ALHEIMUR

14 - Types de Cheveux

```
S  H  Z  L  D  Þ  Þ  Þ  U  R  R  G  X  S
V  E  Þ  A  T  Y  F  L  É  T  T  U  R  K
A  I  U  N  S  K  Ö  L  L  Ó  T  T  U  R
R  L  N  G  I  K  M  B  Þ  V  Þ  G  B  U
T  B  N  T  L  U  J  L  R  O  J  M  I  L
S  R  U  F  J  R  Ú  D  I  Ú  E  Þ  G  L
T  I  R  L  Ó  R  K  Q  M  T  N  C  L  A
U  G  T  É  S  H  U  H  L  Þ  A  T  A  A
T  Ð  O  T  H  V  R  P  V  W  B  Ð  N  F
T  U  M  T  Æ  Í  R  O  V  J  X  G  S  T
W  R  P  U  R  T  E  Y  K  T  I  J  A  S
T  M  O  M  Ð  U  E  O  R  K  R  C  N  E
S  I  L  F  U  R  H  W  S  Þ  I  Q  D  A
P  Y  Z  G  R  Á  R  N  X  A  V  Ð  I  J
```

SILFUR	HROKKIÐ
HVÍTUR	GRÁR
LJÓSHÆRÐUR	LANGT
KRULLA	BRÚNT
GLANSANDI	ÞUNNUR
SKÖLLÓTTUR	SVART
LITAÐ	HEILBRIGÐUR
STUTT	ÞURR
MJÚKUR	FLÉTTUR
ÞYKKUR	FLÉTTUM

15 - Restaurant #1

```
G S K Á L I L R M O I A Þ D
K J Ö T H Ð Y R R F P X F I
E M A T U R T P Ö N T U N S
M V H L W N H X O Æ U Z R K
B A H K D U L M E M E H A U
X R T E Ð K A F F I L X S R
B T A S W S E R V Í E T T A
Q S F U E B P R W G L Y E H
K L E U Ð Ð F A I B D S R R
H N Í F R T I A Ð U H Ó K Á
R P B M D E S L X Þ Ú S A E
Q R H J C Q N E L E S A N F
K J Ú K L I N G U R P N R N
E F T I R R É T T U R W J I
```

OFNÆMI	HRÁEFNI
DISKUR	MATSEÐILL
SKÁL	MATUR
KAFFI	BRAUÐ
GJALDKERI	KJÚKLINGUR
HNÍF	PÖNTUN
ELDHÚS	SÓSA
EFTIRRÉTTUR	SERVÍETTA
STERKAN	KJÖT

16 - Mammifères

```
K I N D Y G O T D J F H F K
K Ú C T A C N I A B Í V B Ö
N A L N S A L G M Ð L A J T
S P N F Ð F J E O U H L Ö T
P I I Í U K Ó R R E F U R U
B R J O N R N H G H M R N R
D U Q V O A M U Í H T A Z Q
D I W Y S G V N R C T G Q Þ
Z E B R A N V D A G U B H J
U M C M P L Y U F U A Y Q R
I M H E S T U R F X T Þ Z F
R G Ð L J G Ó R I L L A Q J
H Ö F R U N G U R X G Q Þ Z
K E N G Ú R A Ð Þ F B I E G
```

HVALUR
KÖTTUR
HESTUR
HUNDUR
HÖFRUNGUR
FÍL
GÍRAFFI
GÓRILLA
KENGÚRA
KANÍNA

LJÓN
ÚLFUR
KIND
BJÖRN
REFUR
API
NAUT
TIGER
ZEBRA

17 - Sports

```
S  Í  Ð  W  I  L  X  N  T  P  N  Z  S  H
A  Þ  Z  A  Þ  W  V  Q  E  Þ  W  V  E  O
M  R  Ú  O  Y  R  R  Í  N  G  O  L  F  K
T  Ó  R  K  D  Þ  H  Þ  N  S  A  I  K  K
Ö  T  S  D  Ó  M  A  R  I  I  Ð  Ð  Ö  Í
K  T  L  T  U  M  Þ  Ó  S  G  S  R  R  L
D  A  I  G  L  H  J  T  E  U  Y  E  F  E
Y  M  T  N  G  L  Á  T  V  R  N  I  U  I
Q  A  A  Y  K  E  L  A  Ö  V  D  Ð  B  K
P  Ð  F  D  Q  I  F  H  L  E  A  H  O  M
L  U  G  Þ  B  K  A  Ú  L  G  X  J  L  A
M  R  X  F  Q  U  R  S  I  A  P  Ó  T  Ð
C  Z  H  M  H  R  I  A  N  R  Z  L  I  U
L  E  I  K  F  I  M  I  N  I  M  K  G  R
```

DÓMARI	LEIKFIMI
ÍÞRÓTTAMAÐUR	HOKKÍ
KÖRFUBOLTI	LEIKUR
ÚRSLITA	LEIKMAÐUR
ÞJÁLFARI	SAMTÖK
LIÐ	AÐ SYNDA
SIGURVEGARI	VÖLLINN
GOLF	TENNIS
ÍÞRÓTTAHÚS	REIÐHJÓL

18 - Chocolat

```
D V F A N K A R A M E L L A
H U Z P A Y F B J W R W I T
N N F D M E X R H R A O J I
C X E T M F H A N D V E R K
L R E T I N K G B W V N F U
U J P Q U I Ó Ð J E Þ R K P
P K Ú J I M K B M X Þ E F P
P A S F Ð J O B I T U R R S
Á K Y U F K S G Æ Ð I Þ A K
H Ó K F Þ E H D S X L D M R
A W U O S Q N M Æ X M Þ A I
L J R O H J E G T K U W N F
D O P B Ð C T Ð U I R X D T
S T K S X R A K R R X A I L
```

BITUR	FRAMANDI
ILMUR	UPPÁHALDS
HANDVERK	BRAGÐ
NAMMI	EFNI
HNETUM	KÓKOSHNETA
KAKÓ	DUFT
KARAMELLA	GÆÐI
LJÚFFENGUR	UPPSKRIFT
SÆTUR	SYKUR

19 - Mathématiques

```
S A P S S J R R Q B N X B A
A U J U L A Ú E A Þ T F I M
M K P M B F M J J D C U N W
H A C M E N F H G K Í V D R
L S J A Ð A R U V T F U I Ð
I T F F I I Æ H W E O I S Y
Ð A X G I Ð Ð Þ V E R M Á L
A F T I R E I R J H D F F M
Ð Y Ö V B M M U K B O F U I
V E L D I S V Í S I R R C I
R G U M M Á L U A Ð X D N N
M A R G H Y R N I N G Ð B H
F E R N I N G U R B R O T X
R É T T H Y R N I N G U R I
```

HORN	RÚMFRÆÐI
TÖLUR	SAMHLIÐA
FERNINGUR	JAÐAR
UMMÁL	MARGHYRNING
AUKASTAF	RADÍUS
ÞVERMÁL	RÉTTHYRNINGUR
VELDISVÍSIR	SUMMA
JAFNA	SAMHVERFU
BROT	BINDI

20 - Mythologie

```
J  K  E  V  S  A  R  K  E  T  Y  P  E  S
W  O  P  F  Ö  K  G  R  C  N  Z  J  L  T
V  A  D  G  P  L  Ö  F  U  N  D  Z  D  Y
E  U  O  D  K  M  U  P  A  I  X  V  I  R
V  U  P  E  M  B  M  N  U  U  H  A  N  K
I  Q  S  K  E  P  N  A  D  N  F  L  G  U
Đ  Þ  K  H  E  T  J  A  M  A  Q  C  N  R
H  Ö  R  M  U  N  G  E  E  Þ  R  R  W  I
O  H  Í  U  B  J  C  E  N  A  Q  H  H  P
R  E  M  T  M  G  L  U  N  O  L  E  Ú  D
F  F  S  N  O  U  U  D  I  F  P  G  I  S
J  N  L  T  Ö  F  R  A  N  D  I  Đ  B  E
X  D  I  Þ  Q  Đ  B  F  G  T  K  U  B  Đ
D  A  U  Đ  L  E  G  H  X  V  R  N  X  W
```

ARKETYPE	HETJA
HÖRMUNG	ÖFUND
HEGÐUN	VÖLUNDARHÚS
SKÖPUN	TÖFRANDI
SKEPNA	SKRÍMSLI
VIÐHORF	DAUÐLEG
MENNING	ÞRUMUR
ELDING	HEFND
STYRKUR	

21 - Restaurant #2

```
I  X  A  A  E  Y  Þ  Á  L  F  Z  R  H  Y
E  G  G  Y  M  R  J  V  D  I  F  L  G  T
K  A  K  A  K  M  Ó  Ö  O  A  P  F  H  I
V  E  N  H  U  Q  N  X  P  G  S  Y  C  N
Ö  M  H  Ú  C  E  N  T  F  Q  V  V  V  H
L  T  J  S  Ð  B  M  U  V  R  S  A  L  T
D  W  D  S  S  L  G  R  Æ  N  M  E  T  I
M  Z  U  R  Q  R  U  G  A  F  F  A  L  N
A  Y  F  F  Y  F  O  R  S  Ú  P  A  F  Q
T  O  I  Y  S  K  E  I  Ð  C  N  S  K  K
U  Í  S  E  A  R  K  B  P  Q  A  P  Ð  S
R  T  K  O  L  Y  X  U  U  Ð  Q  U  U  T
Z  K  U  Q  A  D  L  S  R  E  Ð  P  V  Ó
R  M  R  K  T  D  Y  Y  M  E  A  J  Q  L
```

DRYKKUR	ÍS
STÓL	GRÆNMETI
SKEIÐ	NÚÐLUR
KVÖLDMATUR	EGG
VATN	FISKUR
KRYDD	SALAT
GAFFAL	SALT
ÁVÖXTUR	ÞJÓNN
KAKA	SÚPA

22 - Couleurs

```
G U L U R M I R M X I F J D
B R Ú N T A N L D I H J B W
L Z Æ L P G D E G O V Ó L N
Á O W N J E I Y Z O Í L Á B
G R H Þ T N G Z W E T U R A
R P F H W T O X Þ Q U B A P
Æ P Y N Þ A G Ð S B R L U P
N F U C H S I A Q E P Á Ð E
N Ð W R E C V P F I P R U L
S J H K G G R A W G O I R S
Þ L S Þ Ð R A F R E K Þ A Í
S X Q D T Á O T L T I P C N
R O S F F R R U F V N N G A
B L E I K U R R Þ N X Þ O H
```

AFTUR   MAGENTA
BEIGE   BRÚNT
HVÍTUR   SVART
BLÁR   APPELSÍNA
BLÁGRÆNN   BLEIKUR
FUCHSIA   RAUÐUR
GRÁR   SEPIA
INDIGO   GRÆNT
GULUR   FJÓLUBLÁR

23 - Avions

```
Ó  K  Y  R  R  Ð  S  E  W  Æ  Þ  E  B  L
K  E  Q  D  C  N  Q  I  C  V  V  V  L  D
E  A  B  Z  O  G  B  G  K  I  E  W  Ö  S
S  T  J  Ó  R  N  M  Á  L  N  T  C  Ð  H
F  K  L  E  N  D  I  N  G  T  N  B  R  H
O  A  R  M  M  K  L  Ð  M  Ý  I  L  U  I
S  V  R  Ú  S  A  G  A  E  R  Y  Á  U  M
T  É  T  Þ  F  F  N  S  B  I  G  S  E  I
E  L  Á  N  E  U  P  P  R  U  N  A  H  N
F  O  H  G  Y  G  R  S  M  Í  Ð  I  Æ  N
N  F  Ö  A  Ð  G  I  J  K  P  O  T  Ð  N
U  T  F  F  L  U  G  M  A  Ð  U  R  T  Y
U  S  N  E  L  D  S  N  E  Y  T  I  S  F
S  O  O  L  Y  F  R  B  P  Y  A  U  I  V
```

LOFT
STJÓRNMÁL
LENDING
ÆVINTÝRI
BLÖÐRU
ELDSNEYTI
HIMINN
SMÍÐI
UPPRUNA
STEFNU

ÁHÖFN
BLÁSA
HÆÐ
SKRÚFUR
SAGA
VETNI
VÉL
FARÞEGI
FLUGMAÐUR
ÓKYRRÐ

24 - Aventure

```
Ö  F  E  R  Ð  A  S  T  H  S  U  W  D  Á
R  N  Á  Ó  V  A  R  T  C  I  N  Ð  Z  F
Y  S  I  G  L  I  N  G  A  R  D  T  H  A
G  P  X  H  U  G  R  E  K  K  I  Æ  F  N
G  D  L  G  Þ  R  R  K  R  Q  R  K  E  G
I  Þ  K  Þ  S  U  F  S  N  X  B  I  R  A
H  Æ  T  T  U  L  E  G  T  I  Ú  F  Ð  S
V  A  N  D  I  Í  G  F  P  Y  N  Æ  A  T
G  L  E  Ð  I  K  U  P  K  B  I  R  Á  A
C  M  L  F  U  U  R  Q  R  H  N  I  Æ  Ð
B  V  Þ  V  T  R  Ð  N  R  E  G  Ð  T  U
J  E  L  D  M  Ó  Ð  G  Ý  X  U  A  L  R
N  Á  T  T  Ú  R  A  N  P  T  R  M  U  A
Ó  V  E  N  J  U  L  E  G  T  T  Þ  N  S
```

VIRKNI
FEGURÐ
HUGREKKI
LÍKUR
HÆTTULEGT
ÁFANGASTAÐUR
VANDI
ELDMÓÐ
ÓVENJULEGT
FERÐAÁÆTLUN

GLEÐI
NÁTTÚRAN
SIGLINGAR
NÝTT
TÆKIFÆRI
UNDIRBÚNINGUR
ÖRYGGI
Á ÓVART
FERÐAST

25 - Ville

```
T O N L B V I G A L L E R Í
D X Þ E L Ö Z K P Y O Z H I
V B Q I Ó L A Þ Ó G F Þ Á S
F Y L K M L B T T V D N S H
S F G H A I A Ó E Y E W K B
M A J Ú B N N N K R U B Ó A
D U F S Ú N K K C A V Ó L K
F X P N Ð D I Þ X M S K I A
M A R K A Ð U R J V N A P R
N G L K A F F I H Ú S B F Í
S K Ó L I H Ó T E L Ð Ú X N
A M A T V Ö R U B Ú Ð Ð O P
Q J K V I K M Y N D A H Ú S
F L U G V Ö L L U R M P R H
```

FLUGVÖLLUR   HÓTEL
BANKI   BÓKABÚÐ
BÓKASAFN   MARKAÐUR
BAKARÍ   SAFN
KAFFIHÚS   APÓTEK
KVIKMYNDAHÚS   VÖLLINN
SKÓLI   MATVÖRUBÚÐ
BLÓMABÚÐ   LEIKHÚS
GALLERÍ   HÁSKÓLI

26 - Cuisine

```
S F U Ð T Þ K F L M A U Y U
V G Ð K U T Þ Ö T C U I Ð P
U U F R Y S T I N M S K S P
N Q K U M E B G U N A R V S
T F E K A R Ð M R D U Y A K
U O T K T V O B W I F D M R
N R I U U Í S K Á L L D P I
M K L S R E H N Í F A L U F
O S L U T T S K E I Ð A R T
M F B P Q T B O L L A K C J
D U N B F A Í S S K Á P U R
P I N N A R U O T M I K B X
Þ C U Q M T P U P W H C K Y
L X K E E L S F A Z L P O V
```

PINNAR	FORKS
SKÁL	GRILL
KETILL	AUSA
FRYSTI	MATUR
HNÍFA	KRUKKU
KÖNNU	UPPSKRIFT
SKEIÐAR	ÍSSKÁPUR
KRYDD	SERVÍETTA
SVAMPUR	SVUNTU
OFN	BOLLA

27 - Corps Humain

```
K  S  O  M  K  J  B  G  Ö  X  L  P  I  H
J  I  D  R  O  H  W  L  N  K  O  P  V  J
Á  B  G  W  Þ  D  Þ  Ð  Ó  W  K  E  D  A
L  H  N  É  M  H  Ö  K  U  Ð  U  L  V  R
K  E  O  E  A  Ö  Ð  U  W  M  Z  R  A  T
A  I  L  V  G  N  C  C  Y  U  A  U  R  A
V  L  N  S  I  D  T  E  A  N  D  L  I  T
Q  I  B  Z  W  I  E  F  I  N  G  U  R  N
D  A  O  H  Ú  Ð  H  S  B  U  M  U  C  Ð
J  J  G  Ö  D  Þ  T  S  X  R  D  C  N  W
O  D  A  F  D  Q  W  J  J  H  E  Z  M  M
Ð  T  X  U  N  E  G  S  A  U  Ð  Z  A  R
M  G  Þ  Ð  V  E  Y  R  A  C  H  Á  L  S
I  G  R  Q  H  E  F  V  X  S  G  L  N  J
```

MUNNUR	VARIR
HEILI	HÖND
ÖKKLA	KJÁLKA
HÁLS	HÖKU
OLNBOGA	NEF
HJARTA	EYRA
FINGUR	HÚÐ
MAGI	BLÓÐ
ÖXL	HÖFUÐ
HNÉ	ANDLIT

28 - Épices

```
L P M A N Í S F X O Q S P E
A A K Ú N W A Z E G K H I K
K P Ú J S D L M P N M P P Ó
K R M L H K T W Z Þ N J A R
R I E S K N A Þ O N B E R Í
Í K N Ð A B S T Þ B W Q L A
S A F F R A N I X B I Q D N
Ú V Þ Z D B R A G Ð E T Z D
R A R H E K A N I L N N U E
L N I Y M A C F W A G C M R
I I R G O R D E Y U I M B T
Ð L M Q M R L S D K F U L W
Y L Z T M Ý V B K U E I Z J
Þ U Y C U U O U E R R Q O L
```

SÚR	MÚSKAT
BITUR	LAUKUR
ANÍS	PAPRIKA
KANIL	PIPAR
KARDEMOMMU	LAKKRÍS
KÓRÍANDER	SAFFRAN
KÚMEN	BRAGÐ
KARRÝ	SALT
FENNEL	VANILLU
ENGIFER	

29 - Science

```
V  Þ  C  S  T  E  I  N  E  F  N  I  V  Ð
H  I  Y  L  I  A  Ð  F  E  R  Ð  C  V  Y
E  C  B  N  L  F  L  Q  F  A  U  Þ  Í  V
I  N  U  O  G  Ö  G  N  N  E  C  R  S  E
C  Þ  S  W  Á  D  R  G  I  N  E  Ó  I  Ð
A  Y  V  D  T  H  A  T  H  U  G  U  N  U
T  I  L  R  A  U  N  R  X  N  G  N  D  R
Ó  O  A  O  I  L  M  Þ  A  G  Y  Á  A  F
M  J  L  H  X  Í  W  N  L  F  P  T  M  A
E  Ð  L  I  S  F  R  Æ  Ð  I  L  T  A  R
T  F  Z  K  L  V  A  G  N  I  R  Ú  Ð  Q
R  D  S  A  M  E  I  N  D  I  R  R  U  E
H  S  T  A  Ð  R  E  Y  N  D  Z  A  R  Ð
P  L  Ö  N  T  U  R  B  T  R  I  N  K  R
```

ATÓM   STEINEFNI
EFNI   SAMEINDIR
VEÐURFAR   NÁTTÚRAN
GÖGN   ATHUGUN
TILRAUN   LÍFVERU
ÞRÓUN   AGNIR
STAÐREYND   EÐLISFRÆÐI
ÞYNGDARAFL   PLÖNTUR
TILGÁTA   VÍSINDAMAÐUR
AÐFERÐ

30 - Chats

```
V Q I Þ F O R V I T I N N Þ
S E S W Y Y T I Ð M L M M C
P Q I F N F E I M I N E O Y
K E A Ð D Ó H Á Ð U R M Ú S
F L R U I F Y R C V H A L I
E Z Ó S Ð M G S U R A N Þ Z
L A A O Ó B A L H Q Ð Ð I V
D S Ð F Ð N L Ð X X X E E I
U U H A R N U H U U W U U L
R G U A J T F L H R A T T L
F J Ö R U G U R E G A R N T
B R J Á L A Ð U R I Q U E Y
Á S T Ú Ð L E G U R K A N H
M M L Y U B D K L Ó M I Þ F
```

ÁSTÚÐLEGUR	KLÓ
VEIÐIMAÐUR	ÓHÁÐUR
FORVITINN	KLÓM
SOFA	PERSÓNULEIKI
FYNDIÐ	HALI
FJÖRUGUR	HRATT
GARN	VILLT
BRJÁLAÐUR	MÚS
FELDUR	FEIMIN

31 - Vêtements

```
E  J  Þ  H  L  V  K  M  E  Þ  R  Ð  Þ  L
B  B  U  X  U  R  T  E  M  Q  R  F  A  W
V  E  Z  H  G  H  F  Z  W  R  K  Z  Q  M
I  L  U  A  H  A  T  R  P  L  W  D  Þ  Q
L  T  U  T  Á  N  L  S  K  Y  R  T  A  I
A  I  X  T  L  S  S  L  S  W  Þ  I  K  T
K  Á  P  U  S  K  Ó  V  A  H  W  V  A  Í
J  B  I  R  M  A  Þ  D  U  B  C  I  T  S
Ó  T  L  P  E  Y  S  A  Ð  N  U  J  B  K
L  R  S  Ú  N  Á  T  T  F  Ö  T  X  T  A
L  E  K  C  S  J  A  K  K  I  F  U  U  C
Y  F  Ó  K  U  S  C  W  U  Q  H  H  M  R
Q  I  R  E  K  D  A  R  M  B  A  N  D  N
H  L  W  B  Z  R  U  Q  M  Ð  F  C  Ð  D
```

ARMBAND	PILS
BELTI	KÁPU
HATTUR	TÍSKA
SKÓR	BUXUR
SKYRTA	PEYSA
BLÚSSA	NÁTTFÖT
HÁLSMEN	KJÓLL
TREFIL	SKÓ
HANSKA	SVUNTU
GALLABUXUR	JAKKI

32 - Arts Visuels

```
P O O Q P K K V I K M Y N D
O Z R A E E R L F T K P Q S
R O T T N R B Í A R A Y O A
T O G D N A Z L T K F U I M
R K D J I M Q B R V K P R S
E H S B P I A L E I R E K E
T Y C L R K Y Ý Þ X X C A T
M E I S T A R A V E R K V N
F H Ö G G M Y N D L Y E O I
M E S A R K I T E K T Ú R N
G L Æ S L A Ð U G Þ C O X G
V O L K E S K R Á N I N G U
A Y L C S D O H C K V G V A
X A Y M U R L M Á L V E R K
```

ARKITEKTÚR
LEIR
KERAMIK
KOL
MEISTARAVERK
GLÆSLA
VAX
SAMSETNINGU
KRÍT

BLÝANTUR
SKRÁNINGU
KVIKMYND
MÁLVERK
PORTRET
HÖGGMYND
PENNI
LAKK

33 - Méditation

```
L  O  V  W  A  B  V  E  N  J  A  Q  N  T
E  Þ  N  Á  T  T  Ú  R  A  N  T  W  S  I
C  J  Þ  G  Z  Þ  B  O  S  K  A  U  J  L
F  S  I  D  T  B  O  H  Ð  X  R  B  Ó  F
G  L  Þ  A  K  K  L  Æ  T  I  P  U  N  I
Ó  S  O  O  S  A  M  Þ  Y  K  K  I  A  N
Ð  S  Y  G  Þ  H  T  Ö  I  B  P  N  R  N
V  A  K  A  N  D  I  H  N  V  O  Þ  H  I
I  M  S  H  U  G  A  V  Y  D  B  Ö  O  N
L  Ú  A  N  D  L  E  G  T  G  U  G  R  G
D  Ð  M  F  R  I  Ð  U  R  B  L  N  N  A
Ð  A  T  H  U  G  U  N  F  Q  M  I  I  R
L  H  Ö  S  K  Ý  R  L  E  I  K  I  A  O
Þ  S  K  W  Y  W  B  T  Ó  N  L  I  S  T
```

SAMÞYKKI
ATHYGLI
LOGN
SKÝRLEIKI
SAMÚÐ
HUGA
TILFINNINGAR
VAKANDI
GÓÐVILD
ÞAKKLÆTI

VENJA
ANDLEGT
SAMTÖK
TÓNLIST
NÁTTÚRAN
ATHUGUN
FRIÐUR
SJÓNARHORNI
ÖNDUN
ÞÖGN

34 - Littérature

```
L  Ý  S  I  N  G  P  J  A  D  Þ  C  N  H
J  Í  Æ  S  J  V  T  A  K  T  U  R  I  Ö
Ó  H  K  V  H  R  P  F  Z  L  S  Í  Ð  F
Ð  X  D  I  I  U  G  N  D  J  K  M  U  U
O  F  A  G  N  S  U  S  P  Ó  B  G  R  N
K  D  T  Q  A  G  A  V  Þ  Ð  N  W  S  D
S  K  Á  L  D  S  A  G  A  R  T  E  T  U
F  O  K  F  B  Q  J  R  A  Æ  D  D  A  R
S  Ö  G  U  M  A  Ð  U  R  N  C  S  Ð  C
S  K  Á  L  D  S  K  A  P  U  R  T  A  X
S  A  M  A  N  B  U  R  Ð  U  R  Í  J  K
U  M  R  Æ  Ð  U  S  O  H  E  C  L  Þ  A
M  Y  N  D  L  Í  K  I  N  G  F  C  W  J
G  R  E  I  N  I  N  G  S  Þ  E  M  A  R
```

LÍKINGAR	MYNDLÍKING
GREINING	SÖGUMAÐUR
E.	LJÓÐ
HÖFUNDUR	LJÓÐRÆN
ÆVISAGA	RÍM
SAMANBURÐUR	SKÁLDSAGA
NIÐURSTAÐA	TAKTUR
LÝSING	STÍL
UMRÆÐU	ÞEMA
SKÁLDSKAPUR	

35 - Nourriture #1

```
U  W  Y  I  M  N  Y  W  W  K  Z  B  E  H
B  A  G  C  J  S  Æ  K  W  A  K  N  U  V
S  Í  T  R  Ó  N  U  P  Þ  N  A  L  A  Í
N  X  G  W  L  M  S  L  A  I  F  U  H  T
S  Y  R  D  K  G  A  J  A  L  F  Z  I  L
B  Y  G  G  I  U  F  O  W  U  I  R  W  A
A  H  K  E  P  L  A  H  X  Ð  K  U  A  U
S  Þ  R  U  E  R  C  Ð  N  I  W  U  Y  K
I  A  O  B  R  Ó  L  U  Y  A  Y  T  R  U
L  S  A  L  A  T  Ú  N  F  I  S  K  U  R
J  A  R  Ð  A  R  B  E  R  S  J  K  A  I
G  X  D  A  V  S  P  Í  N  A  T  J  I  P
E  N  C  A  Y  Q  F  U  G  L  L  Ö  E  W
H  A  M  S  Ú  P  A  Þ  Ð  T  I  T  H  S
```

HVÍTLAUKUR	NÆPA
BASIL	LAUKUR
KAFFI	BYGG
KANIL	PERA
GULRÓT	SALAT
SÍTRÓNU	SALT
SPÍNAT	SÚPA
JARÐARBER	SYKUR
SAFA	TÚNFISKUR
MJÓLK	KJÖT

36 - Jours et Mois

```
O Y G S E P T E M B E R J Þ
I A Y G Z S M J V Ð S Y Ú R
A B K I Z M V H I I U J L I
V P S U Á N Á I K P N A Í Ð
N M R W V G J N A P N N B J
Ó I F Í G N Ú Y U K U Ú Þ U
V V G G L F N S Þ D D A Þ D
E H R Q F C Í O T M A R S A
M Á N U Ð U R Þ C F G G Q G
B O K T Ó B E R L E U Z U U
E M V U T Y W F E B R Ú A R
R M I Ð V I K U D A G U R O
D A G A T A L U T Y I Y L Q
L A U G A R D A G U R J V X
```

ÁGÚST

APRÍL

DAGATAL

SUNNUDAGUR

FEBRÚAR

JANÚAR

JÚLÍ

JÚNÍ

MÁNUDAGUR

ÞRIÐJUDAGUR

MARS

MIÐVIKUDAGUR

MÁNUÐUR

NÓVEMBER

OKTÓBER

LAUGARDAGUR

VIKA

SEPTEMBER

37 - Championnat

```
L  I  Ð  S  L  Í  M  E  I  S  T  A  R  I
V  M  V  I  J  Þ  R  E  K  V  V  U  G  M
J  U  M  G  K  R  T  B  T  T  N  I  S  M
M  Q  O  U  D  Ó  M  A  R  I  F  K  T  A
L  E  Þ  R  Ú  T  Þ  J  Á  L  F  A  R  I
J  E  D  K  R  T  Ú  R  S  L  I  T  G  S
K  W  I  A  S  I  M  A  S  M  E  Q  D  P
N  Þ  F  K  L  R  U  Ð  T  D  Þ  K  D  Z
G  L  W  S  I  Í  J  H  E  E  Þ  M  E  J
P  L  B  S  T  R  A  V  F  C  K  F  I  V
O  O  H  V  A  T  N  I  N  G  D  A  L  M
B  S  A  U  J  T  M  F  U  Y  U  Ð  D  Ó
Y  F  R  A  M  M  I  S  T  A  Ð  A  I  T
L  F  Þ  W  Z  F  W  F  Þ  N  H  J  F  Þ
```

MEISTARI	MEDALÍA
ÚRSLITA	HVATNING
ÞREK	FRAMMISTAÐA
ÞJÁLFARI	ÍÞRÓTTIR
LIÐ	STEFNU
ÚRSLIT	MÓT
LEIKIR	SVITI
DÓMARI	SIGUR
DEILD	

38 - Pirates

```
E  O  O  S  N  G  F  V  S  S  O  F  Þ  K
W  G  H  E  L  L  I  J  X  K  F  Y  J  A
S  N  A  Y  C  Æ  I  Ð  A  O  Ð  O  Ó  P
F  V  F  J  C  V  M  Ð  K  R  O  Ö  Ð  T
J  H  E  A  Y  I  G  T  K  T  A  R  S  E
Á  C  S  R  Ð  N  U  S  E  A  S  L  A  I
R  G  M  J  Ð  T  L  X  R  M  Z  W  G  N
S  T  Y  X  O  Ý  L  A  I  F  X  V  A  C
J  R  N  Ð  H  R  Ð  M  E  Á  H  Ö  F  N
Ó  A  T  S  Æ  I  Z  N  S  N  G  Z  B  Z
Ð  N  V  J  T  A  M  S  V  A  Ð  H  Þ  B
U  C  K  I  T  H  V  G  D  O  L  S  Y  J
R  P  Á  F  A  G  A  U  K  U  R  O  M  M
C  N  Z  Z  G  H  B  A  M  T  W  I  X  Y
```

AKKERI	EYJA
ÆVINTÝRI	ÞJÓÐSAGA
KAPTEIN	SLÆMT
KORT	HAF
ÖR	GULL
HÆTTA	PÁFAGAUKUR
FÁNA	MYNT
SVERÐ	FJARA
ÁHÖFN	ROMM
HELLI	FJÁRSJÓÐUR

39 - Activités

```
O C Ú T D W Ð V T S G U T U
Y C T F G S H I Í L A C U N
F J J S I X Æ R M Ö R S V N
Á N Æ G J A F K I K Ð S D L
H G Ð V B Þ N N S U Y Þ F V
Q A A I M Q I I T N R E P E
V C N K Á X U L E I K I R I
E R P D L N O L A J J I M Ð
I F E U V I W I H N A Ð D I
Ð O K F E E U S A U M A O K
A Q C Y R O R T G A L D U R
Þ X W E K E T K E R A M I K
L J Ó S M Y N D U N J M A V
Á H U G A M Á L E S T U R F
```

VIRKNI
LIST
HANDVERK
ÚTJÆÐA
KERAMIK
VEIÐA
HÆFNI
SAUMA
ÁHUGAMÁL
GARÐYRKJA

LEIKIR
LESTUR
TÍMIST
GALDUR
MÁLVERK
VEIÐI
LJÓSMYNDUN
ÁNÆGJA
SLÖKUN

40 - Fleurs

```
Á  M  P  L  Í  L  A  V  S  A  L  X  T  S
Ð  S  A  D  I  Q  Ð  Ö  M  J  T  P  H  Ó
Y  H  T  G  X  L  E  N  Á  A  N  E  L  L
J  I  O  R  N  O  Y  D  R  S  E  O  O  B
T  B  G  P  Í  O  P  S  I  M  U  N  F  L
H  I  A  J  X  Ð  L  D  A  I  S  Y  N  Ó
Y  S  E  O  S  I  U  I  D  N  V  F  A  M
N  C  R  O  O  R  E  B  A  E  M  Í  R  Ð
R  U  K  R  Ó  N  U  B  L  A  Ð  F  B  P
Ó  S  P  C  C  N  T  W  C  Ó  W  I  L  O
S  Ð  C  H  Þ  R  U  V  L  Q  M  L  Ó  P
J  F  R  I  T  Ú  L  I  P  A  N  L  M  P
U  M  F  D  K  R  B  N  Z  G  P  J  E  Y
P  L  U  M  E  R  I  A  N  S  W  Q  V  X
```

VÖND	ÁSTRÍÐUBLÓM
TOGA	POPPY
HIBISCUS	KRÓNUBLAÐ
JASMINE	FÍFILL
LOFNARBLÓM	PEONY
LÍLA	PLUMERIA
LILY	RÓS
MAGNOLIA	SÓLBLÓM
DAISY	SMÁRI
ORCHID	TÚLIPAN

41 - Nourriture #2

```
S  H  E  F  W  K  R  S  R  K  B  V  Y  S
P  V  R  G  X  N  Z  G  X  I  A  Í  U  E
E  Ð  E  Í  G  T  H  Z  Q  R  N  N  Þ  L
R  R  P  P  S  O  A  Þ  K  S  A  B  R  L
G  F  L  K  P  G  Ð  C  Q  U  N  E  L  E
I  W  I  Y  X  I  R  K  F  B  I  R  H  R
L  M  Ö  N  L  U  R  J  P  E  I  B  Y  Í
K  Í  V  Í  F  Ð  Z  I  Ó  R  O  R  W  Ð
Á  T  Ó  M  A  T  S  K  I  N  K  A  J  N
L  K  J  Ú  K  L  I  N  G  U  R  U  V  P
T  H  L  P  S  Ú  K  K  U  L  A  Ð  I  E
F  I  S  K  U  R  T  Z  Z  X  W  A  W  J
H  V  E  I  T  I  D  Y  J  B  N  L  V  Ð
M  A  N  G  Ó  E  G  G  A  L  D  I  N  C
```

MÖNLU	KÍVÍ
EGGALDIN	MANGÓ
BANANI	EGG
HVEITI	BRAUÐ
SPERGILKÁL	FISKUR
KIRSUBER	EPLI
SELLERÍ	KJÚKLINGUR
SVEPPIR	VÍNBER
SÚKKULAÐI	HRÍSGRJÓN
SKINKA	TÓMAT

42 - Océan

```
M  L  K  O  B  V  H  L  S  N  H  D  O  S
B  A  Ó  C  V  S  V  A  M  P  U  R  C  A
L  A  R  E  S  Ð  A  U  D  O  Þ  R  C  L
Ð  Ö  A  G  K  O  L  K  R  A  B  B  I  T
Á  L  L  G  L  F  U  B  Á  T  U  R  N  S
N  D  L  L  I  Y  R  U  N  T  D  D  S  K
Z  U  R  V  O  S  T  R  A  T  R  G  T  J
Ð  R  I  W  L  J  A  T  H  V  Q  F  O  A
M  G  F  R  U  P  K  R  A  B  B  I  R  L
P  R  R  Æ  K  J  A  F  N  Ð  Q  S  M  D
H  Á  K  A  R  L  L  J  Ð  Ð  P  K  U  B
Þ  A  N  G  H  Ö  F  R  U  N  G  U  R  A
J  C  F  T  Ú  N  F  I  S  K  U  R  I  K
X  M  S  R  L  C  G  B  G  F  Z  N  U  A
```

ÞANG	MARGLYTTA
ÁLL	FISKUR
HVALUR	KOLKRABBI
BÁTUR	HÁKARL
KÓRALL	RIF
KRABBI	SALT
RÆKJA	STORMUR
HÖFRUNGUR	TÚNFISKUR
SVAMPUR	SKJALDBAKA
OSTRA	ÖLDUR

43 - Remplir

```
I  J  W  M  E  R  A  F  D  K  Y  I  Þ  T
K  X  X  K  W  Y  L  Ð  L  S  P  G  C  U
B  T  O  M  A  P  P  A  R  Ö  J  E  N  N
K  A  R  F  A  S  P  T  I  S  S  P  A  N
M  S  K  I  M  K  S  N  M  K  K  K  A  U
R  K  U  K  X  I  C  I  L  Ú  I  Ð  U  S
Z  A  Z  K  I  P  U  J  A  F  V  A  S  I
P  O  T  T  U  R  M  U  K  F  A  J  P  Ð
K  R  U  K  K  U  S  H  A  A  S  S  R  S
F  Ö  T  U  M  N  L  N  S  V  A  Q  U  J
H  Ð  P  P  Þ  P  A  Þ  S  F  L  Q  D  U
U  A  M  O  Ð  T  G  Q  I  I  Z  V  I  W
G  A  P  R  Ö  R  B  K  W  P  A  K  K  I
F  E  R  Ð  A  T  Ö  S  K  U  U  Q  Ð  X
```

POTTUR	BAKKI
TUNNU	VASA
KASSI	KRUKKU
FLÖSKU	TASKA
RIMLAKASSI	FÖTU
MAPPA	SKÚFFA
UMSLAG	RÖR
SKIP	FERÐATÖSKU
KARFA	VASI
PAKKI	

44 - Ballet

```
S  Z  Ð  K  W  L  D  S  K  V  B  S  H  F
T  L  Þ  E  E  Á  A  V  Ó  Ö  A  T  L  Á
Í  I  Y  C  Þ  T  N  I  R  Ð  L  Y  J  H
L  S  I  Z  R  B  S  P  E  V  L  R  Ó  O
Þ  T  O  U  T  R  A  M  Ó  A  E  K  M  R
F  R  Ó  N  Q  A  R  I  G  A  R  L  S  F
H  Æ  F  N  I  G  A  K  R  N  Í  E  V  E
W  N  J  W  L  Ð  R  I  A  F  N  I  E  N
D  N  C  Q  E  I  F  L  F  K  A  K  I  D
U  Æ  Þ  I  L  M  S  L  C  A  F  I  T  U
B  F  Q  F  R  Z  Ó  T  A  K  T  U  R  R
T  I  G  N  A  R  L  E  G  T  Æ  K  N  I
G  N  H  L  M  L  Ó  F  A  K  L  A  P  P
Z  G  T  Ó  N  S  K  Á  L  D  Q  L  O  Ð
```

LÓFAKLAPP	STYRKLEIKI
LISTRÆNN	VÖÐVA
BALLERÍNA	TÓNLIST
KÓREÓGRAF	HLJÓMSVEIT
HÆFNI	ÁHORFENDUR
TÓNSKÁLD	ÆFING
DANSARAR	TAKTUR
SVIPMIKILL	SÓLÓ
LÁTBRAGÐ	STÍL
TIGNARLEGT	TÆKNI

45 - Fruit

```
H  I  N  D  B  E  R  J  U  M  P  O  Q  C
V  I  H  I  E  G  K  B  J  Y  V  E  J  O
Í  A  S  H  R  U  V  I  Q  N  K  G  R  G
N  J  P  A  P  A  Y  A  R  D  R  F  G  A
B  H  P  P  Y  V  S  Ð  Þ  S  Þ  H  L  Y
E  Y  I  H  E  A  B  V  M  M  U  L  V  Y
R  Þ  Q  H  V  L  G  N  E  A  F  B  G  W
A  N  A  N  A  S  S  L  N  E  E  E  T
V  B  J  G  K  Í  V  Í  Ó  G  R  P  B  R
Ó  S  Í  T  R  Ó  N  U  N  Ó  S  L  A  U
K  A  P  R  Í  K  Ó  S  A  A  K  I  N  I
A  N  E  C  T  A  R  I  N  E  J  J  A  S
D  T  D  W  O  V  L  U  Þ  J  A  C  N  E
Ó  Y  K  K  I  G  U  M  B  N  H  N  I  D
```

APRÍKÓSA	KÍVÍ
ANANAS	MANGÓ
AVÓKADÓ	MELÓNA
BER	NECTARINE
BANANI	APPELSÍNA
KIRSUBER	PAPAYA
SÍTRÓNU	FERSKJA
MYND	PERA
HINDBERJUM	EPLI
GUAVA	VÍNBER

46 - Surf

```
Y  F  Ð  I  Þ  T  M  A  G  I  S  F  E  K
S  T  Y  R  K  U  R  E  V  O  K  R  I  F
B  Y  R  J  A  N  D  I  I  E  Þ  O  Z  J
Y  N  K  Þ  I  H  X  Þ  A  S  Ð  Ð  U  A
L  H  Z  D  V  R  Y  E  Ð  B  T  U  A  R
G  A  M  A  N  A  T  A  S  S  H  A  R  A
J  F  Y  T  Z  Ð  F  S  Y  E  T  G  R  Q
A  C  Ð  M  F  I  N  Z  N  R  Z  Í  S  I
C  D  Þ  H  F  D  R  T  D  K  U  F  L  Þ
Z  Q  Í  Þ  R  Ó  T  T  A  M  A  Ð  U  R
A  M  A  N  N  F  J  Ö  L  D  I  V  Þ  T
W  B  E  E  X  T  R  E  M  E  P  O  T  K
W  D  Ð  A  A  I  L  E  Ð  D  Þ  G  V  Q
Þ  C  V  I  N  S  Æ  L  L  S  E  P  C  T
```

GAMAN	FROÐU
ÍÞRÓTTAMAÐUR	AÐ SYNDA
MEISTARI	HAF
BYRJANDI	FJARA
MAGI	VINSÆLL
EXTREME	RIF
STYRKUR	STÍL
MANNFJÖLDI	BYLGJA
VEÐUR	HRAÐI

47 - Technologie

```
G  C  H  S  K  I  L  A  B  O  Ð  U  B  T
Ö  J  Ð  U  B  E  N  D  I  L  L  S  L  Ö
G  D  L  V  G  U  F  Q  U  F  Q  K  O  L
N  E  T  I  Ð  B  M  R  T  T  S  J  G  F
Y  B  U  E  B  C  Ú  A  S  K  R  Á  G  R
Q  Æ  V  E  I  R  A  N  T  I  Y  R  T  Æ
M  T  Y  A  L  S  L  N  A  Q  K  A  Ö  Ð
Y  I  C  F  F  D  H  S  F  Ð  X  W  L  I
N  K  Þ  J  Q  R  N  Ó  R  N  U  Ö  V  Ð
D  L  T  B  Y  C  A  K  Æ  J  V  R  U  C
A  Ð  I  Z  Þ  N  F  N  N  X  Z  Y  L  K
V  Þ  O  E  B  Ð  W  I  O  E  G  G  D  C
É  R  A  U  N  V  E  R  U  L  E  G  U  R
L  E  T  U  R  G  E  R  Ð  R  X  I  P  Þ
```

BLOGG
MYNDAVÉL
BENDILL
GÖGN
SKJÁR
SKRÁ
NETIÐ
HUGBÚNAÐUR
SKILABOÐ
VAFRA

STAFRÆN
BÆTI
TÖLVU
LETURGERÐ
RANNSÓKNIR
ÖRYGGI
TÖLFRÆÐI
RAUNVERULEGUR
VEIRA

48 - Comédie

```
L Y J N L T R Ú Ð A B Þ J S
T E G U N D X N Q L R H N K
K T I J L C F S N J A L L O
T E T K A E O V R K N Á K P
S R T F A Z I W Ð H D T Þ S
S P U N I R X K Ð Ú A U F T
P Y J G H F I U K M R R Y Æ
L Ó F A K L A P P O A C N L
R B O M T D Y A F R N A D I
X A E A L E I K H Ú S A I N
Y G N N S J Ó N V A R P Ð G
V H J S V I P M I K I L L N
F S W G Q M M Z N R Z W G P
Á H O R F E N D U R W W E E
```

LEIKARI	HÚMOR
LEIKKONA	SPUNI
GAMAN	SNJALL
LÓFAKLAPP	SKOPSTÆLING
BRANDARA	ÁHORFENDUR
TRÚÐA	HLÁTUR
FYNDIÐ	SJÓNVARP
SVIPMIKILL	LEIKHÚS
TEGUND	

49 - Météo

```
T V I N D U R M C B F H B L
Þ O L P G Y S O O C E I D J
H M R Ð R Ó A N Z M L T D C
G G K N W S O S J R L A L T
M N Í S A Ð H Ú Þ G I S P Þ
T E Q T L D K N F S B T O U
R V Þ J M Þ O Þ R T Y I L R
O E Þ Ó E L K R U O L G A R
P Ð G R Ð X G U S R U Y R T
I U A N T F Y M J M R S P S
C R D M B I A U H U Þ K N X
A F F Á X O W R I R C Ý A A
L A T L X T G H X Þ Ó K A R
B R G O L A H I M I N N S P
```

REGNBOGI	FELLIBYLUR
STJÓRNMÁL	POLAR
GOLA	ÞURRT
ÞÓKA	ÞURRKAR
RÓA	HITASTIG
HIMINN	STORMUR
VEÐURFAR	ÞRUMUR
ÍS	TORNADO
MONSÚN	TROPICAL
SKÝ	VINDUR

50 - Châteaux

```
D R D O Z H R M H Þ I P T F
R O B Y N C J V E G G E U G
E P R I N S E S S A Q E N Z
K S Y Z O A P P T U R N Y L
I V N H H C S K U X D K Þ E
P E J Ö T Y Þ T R P O Ó A S
R R A L E C Q E Y I M R R K
Í Ð I L U N I C O R N Ó I J
K Ð X N V Í G I F O C N D Ö
I G A S S K X Ö N P H A D L
F E U D A L B J F U O I A D
C A T A P U L T X U M D R U
G V B C C K I O R R G S I R
H E I M S V E F A E P T Þ R
```

BRYNJA
SKJÖLDUR
CATAPULT
HESTUR
RIDDARI
KÓRÓNA
DREKI
DYNASTY
HEIMSVE
SVERÐ

FEUDAL
VÍGI
UNICORN
VEGG
GÖFUGT
HÖLL
PRINS
PRINSESSA
RÍKI
TURN

51 - Randonnée

```
K O R T D Ý R Ú T J Æ Ð A L
W A Þ F U N D I N U M I X E
V E Ð U R F A R O S N U N I
S T E I N A R W B X Z D G Ð
J F R D Á G G W S J O I A S
S Q T Þ T C T M J V A T N Ö
Y Ó P S T Í G V É L W R Þ G
C Q L Z Ú L Z F X V Q L G U
U N D I R B Ú N I N G U R M
W Q F C A Þ R E Y T T U R E
M K M Z N V Z J K Ð Þ Q Y N
Þ A Ð F J A L L V E Ð U R N
S T E F N U M Ö R K U N Q M
V I L L T K G A R Ð U R I Þ
```

DÝR	VEÐUR
STÍGVÉL	FJALL
ÚTJÆÐA	NÁTTÚRAN
KORT	STEFNUMÖRKUN
VEÐURFAR	GARÐUR
VATN	STEINAR
BJARG	UNDIRBÚNINGUR
ÞREYTTUR	VILLT
LEIÐSÖGUMENN	SÓL
ÞUNGT	FUNDINUM

52 - Art

```
S  K  S  S  K  A  P  S  J  Ó  N  R  Æ  N
E  E  A  K  Y  C  M  F  L  Ó  K  I  Ð  M
G  R  M  Y  N  D  L  Á  O  J  M  F  Ð  I
Ð  A  S  Q  P  O  X  S  L  H  Ó  K  U  N
Z  M  E  F  N  I  G  Ú  O  V  Y  Ð  U  N
X  I  T  U  K  Ð  Z  R  R  E  E  G  N  B
N  K  N  Z  O  L  Q  R  I  O  P  R  H  L
H  E  I  Ð  A  R  L  E  G  U  R  X  K  Á
Ð  I  N  B  A  U  W  A  I  L  S  F  U  S
T  N  G  T  Á  K  N  L  N  I  Ý  X  X  T
B  F  B  J  Z  Q  L  I  L  S  S  S  U  U
H  A  T  Ð  T  L  Ð  S  E  K  T  Q  A  R
V  L  P  P  B  Þ  O  M  G  A  V  Q  N  D
U  T  O  Ð  P  A  M  I  T  T  Y  L  V  A
```

KERAMIK	ORIGINLEGT
FLÓKIÐ	MÁLVERK
SAMSETNING	LJÓÐ
LÝSA	EINFALT
SEGÐ	EFNI
MYND	SÚRREALISMI
HEIÐARLEGUR	TÁKN
SKAP	SJÓNRÆN
INNBLÁSTUR	

53 - Nutrition

```
F  M  F  S  H  I  G  Þ  T  N  P  D  W  R
J  A  Y  B  Ó  E  T  M  T  Z  R  S  K  F
N  T  K  Ð  R  S  I  E  D  Q  Ó  H  O  V
K  A  V  L  I  Æ  A  L  D  R  T  I  L  H
B  R  A  G  Ð  T  U  T  S  C  E  T  V  R
W  L  X  E  M  U  J  I  Z  A  I  A  E  Ó
Þ  Y  N  G  D  R  P  N  M  V  N  E  T  L
I  S  W  L  Æ  Þ  H  G  E  W  F  I  N  E
L  T  O  Z  Ð  Ð  G  E  R  J  U  N  I  G
B  I  T  U  R  K  I  G  T  K  L  I  U  U
H  E  I  L  B  R  I  G  Ð  U  R  N  N  R
F  H  S  V  X  Y  Z  C  J  M  F  G  R  H
V  Ö  K  V  A  D  N  D  C  I  H  A  Z  S
M  U  T  R  B  D  Y  Y  F  U  M  R  F  T
```

BITUR
MATARLYST
HITAEININGAR
ÆTUR
MELTING
KRYDD
RÓLEGUR
GERJUN
KOLVETNI

VÖKVA
ÞYNGD
PRÓTEIN
GÆÐI
HEILBRIGÐUR
HEILSA
SÓSA
BRAGÐ

54 - Science Fiction

```
A T B U R Ð A R Á S P Y F A
K S D U L A R F U L L U R L
G V K A H Ú T Ó P Í A H Á W
Z G I R E X T R E M E M B D
R E I K I S T J A R N A Æ Y
A E C P M B Æ K U R R Z R S
U L W V U Y K V É F R É T T
N D S P R E N G I N G E F Ó
H U L P H C I D R H Z B F P
Æ R L D T B W G A L A X Y Í
F B L E K K I N G H Z A Þ A
T V É L M E N N I X Ú X Ð G
L O T U K E R F I N U S E W
Ð B X Í M Y N D A Ð U Q H Y
```

LOTUKERFINU	BÆKUR
KVIKMYNDAHÚS	HEIMUR
DYSTÓPÍA	DULARFULLUR
SPRENGING	VÉFRÉTT
EXTREME	REIKISTJARNA
FRÁBÆR	RAUNHÆFT
ELDUR	VÉLMENNI
GALAXY	ATBURÐARÁS
BLEKKING	TÆKNI
ÍMYNDAÐ	ÚTÓPÍA

55 - Vertus #1

```
S  Ó  H  Á  Ð  U  R  V  B  V  O  F  G  F
O  J  T  S  R  L  F  C  I  T  R  F  R  Y
T  W  Ú  Þ  R  A  C  Q  U  T  M  J  E  N
T  N  W  K  I  H  U  A  R  X  U  J  I  D
E  V  P  W  L  M  H  Ð  Z  M  Q  R  N  I
B  O  Z  H  E  I  L  L  A  N  D  I  D  Ð
H  Ó  G  V  Æ  R  N  B  Q  S  J  Q  U  I
H  R  E  I  N  T  D  G  U  Q  T  R  R  Z
Ö  R  U  G  G  U  R  T  U  G  Ó  Ð  U  R
H  A  G  N  Ý  T  Q  L  O  R  U  P  B  O
H  U  G  M  Y  N  D  A  R  Í  K  U  R  T
Á  S  T  R  Í  Ð  U  F  U  L  L  U  R  H
S  K  I  L  V  I  R  K  U  R  X  F  X  I
W  J  G  E  R  F  O  R  V  I  T  I  N  N
```

GÓÐUR	ÓHÁÐUR
HEILLANDI	GREINDUR
ÖRUGGUR	HÓGVÆR
FORVITINN	ÁSTRÍÐUFULLUR
FYNDIÐ	SJÚKLINGUR
SKILVIRKUR	HAGNÝT
ÁRAUÐAST	HREINT
HUGMYNDARÍKUR	VITUR

56 - Professions #1

```
H G Y R I T S T J Ó R I P B
H N K I L Ö G M A Ð U R Í A
L Æ K N I R B H R G X S A N
O Q V T Þ A N F Ð S A E N K
D A N S A R I J F K Y N Ó A
Þ Q Y I D H M P R A L D L S
S J Ó M A Ð U R Æ R V I E T
E B Á Z X X X X Ð T É H I J
U K O L Q L U E I G L E K Ó
I A G O F M Þ Y N R V R A R
M G Y C O A F Z G I I R R I
M Þ P P I Q R J U P R A I I
X R T E C F I I R I K C M P
V E I Ð I M A Ð U R I Z Y G
```

SENDIHERRA
LÖGMAÐUR
BANKASTJÓRI
SKARTGRIPIR
VEIÐIMAÐUR
DANSARI
ÞJÁLFARI

RITSTJÓRI
JARÐFRÆÐINGUR
SJÓMAÐUR
VÉLVIRKI
LÆKNIR
PÍANÓLEIKARI

57 - Géologie

```
Þ  S  I  G  C  H  S  Á  H  E  L  L  I  K
Ð  T  Ý  K  K  Á  W  K  L  C  A  Z  I  Ó
A  E  A  R  V  L  U  M  B  F  G  N  L  R
Y  I  Y  I  A  E  H  I  Z  V  U  Q  M  A
W  N  Þ  S  R  N  B  R  Z  H  H  N  E  L
U  N  S  T  S  D  Q  J  I  Þ  K  F  N  L
L  W  O  A  E  I  Y  V  Ð  N  Þ  O  H  I
J  K  Z  L  H  R  A  U  N  T  G  X  S  B
S  T  A  L  A  C  T  I  T  E  I  R  F  S
G  G  K  A  L  S  Í  U  M  N  N  D  Á  G
R  O  F  R  Þ  A  G  O  S  H  V  E  R  S
S  V  Æ  Ð  I  L  E  L  D  F  J  A  L  L
F  O  P  N  S  T  E  I  N  E  F  N  I  I
S  T  A  L  A  G  M  I  T  E  S  I  C  R
```

SÝRA	HRAUN
KALSÍUM	STEINEFNI
HELLI	STEINN
ÁLFUNNI	HÁLENDI
KÓRALL	KVARS
LAG	SALT
KRISTALLAR	STALACTITE
HRINGRÁS	STALAGMITES
ROF	ELDFJALL
GOSHVER	SVÆÐI

58 - Cirque

```
S  F  T  O  Y  G  Z  B  M  U  S  N  O  E
K  C  I  I  F  A  Q  Ú  A  I  D  A  E  U
E  L  W  T  G  S  Ý  N  A  Þ  Ð  M  J  Q
M  I  F  Ó  Q  E  Y  I  T  D  J  M  V  R
M  S  L  N  P  A  R  N  V  Y  Ý  I  F  W
T  G  A  L  D  U  R  G  F  T  B  R  T  Q
A  Y  P  I  A  Þ  G  U  Í  T  L  J  Ó  N
H  T  I  S  R  C  F  R  L  V  Ö  J  P  I
E  E  R  T  Ö  F  R  A  M  A  Ð  U  R  A
T  R  Ú  Ð  U  R  Z  O  Y  T  R  K  U  I
J  J  Ú  G  L  E  R  G  B  X  U  M  M  U
A  B  D  Þ  W  Y  B  G  M  A  R  I  U  N
L  Á  H  O  R  F  A  N  D  I  T  Ð  L  D
D  S  K  R  Ú  Ð  G  A  N  G  A  I  S  H
```

ACROBAT	LJÓN
DÝR	TÖFRAMAÐUR
BLÖÐRUR	GALDUR
MIÐI	SÝNA
NAMMI	TÓNLIST
TRÚÐUR	SKRÚÐGANGA
BÚNINGUR	API
SKEMMTA	ÁHORFANDI
FÍL	TJALD
JÚGLER	TIGER

59 - Jardin

```
Z E H E N G I R Ú M B W G A
T J Ö R N R R X P J R G I L
B E K K U R R A P L U Þ R D
L U R W H H B Ð S C S W Ð I
Ó Q S F L P J E Y F B W I N
M W F H H R Í F A V L V N G
J A R Ð V E G U R E S Ö G A
S L Ö N G U N A G R A S T R
M R E M O K A I A Ö U C R Ð
I L L G R E S I R N N X É U
V Í N V I Ð U R Ð D F N E R
F B L G L K Q R U X O I D E
B Í L S K Ú R Z R V B Z A Þ
T R A M P Ó L Í N Y Z Þ Y G
```

TRÉ	ILLGRESI
BEKKUR	MOKA
BUSH	GRASFLÖT
GIRÐING	HRÍFA
TJÖRN	JARÐVEGUR
BLÓM	VERÖND
BÍLSKÚR	TRAMPÓLÍN
HENGIRÚM	SLÖNGUNA
GRAS	ALDINGARÐUR
GARÐUR	VÍNVIÐUR

60 - Barbecues

```
K  P  A  R  Á  T  Ó  M  A  T  A  R  M  L
Z  J  V  K  V  Ö  L  D  M  A  T  U  R  O
E  L  C  B  Ö  R  N  H  A  A  Þ  S  F  V
F  V  S  V  X  G  F  S  G  D  H  J  J  L
H  J  T  Q  T  Z  R  D  O  Z  Z  Q  M  H
H  D  Ö  W  U  S  C  Æ  S  U  M  A  R  N
U  E  D  L  R  Q  T  Ó  N  L  I  S  T  Í
N  X  I  U  S  Ó  S  A  T  M  M  A  R  F
G  G  R  T  E  K  S  U  P  F  E  L  Y  A
U  R  X  R  T  Y  Y  Z  O  A  Q  T  P  S
R  I  A  W  H  X  L  L  A  U  K  B  I  A
L  L  Þ  F  Y  G  G  B  D  V  U  U  P  L
B  L  L  E  I  K  I  R  V  A  X  H  A  Ö
H  Á  D  E  G  I  S  V  E  R  Ð  U  R  T
```

HEITT   LEIKIR
HNÍFA   GRÆNMETI
HÁDEGISVERÐUR   TÓNLIST
KVÖLDMATUR   LAUK
BÖRN   PIPAR
SUMAR   SALÖT
HUNGUR   SÓSA
FJÖLSKYLDA   SALT
ÁVÖXTUR   TÓMATAR
GRILL

61 - Anniversaire

```
P  Z  S  L  Y  S  U  N  G  U  R  Þ  N  W
Þ  U  É  H  T  Z  I  E  I  J  F  Q  H  W
S  G  R  Ð  B  U  M  F  M  Ð  Ö  C  L  F
W  V  S  G  O  X  K  H  T  L  T  F  O  O
H  Á  T  Í  Ð  M  L  V  S  A  U  Æ  R  K
Þ  D  A  G  A  T  A  L  I  G  V  D  G  E
S  A  K  G  L  A  Ð  U  R  N  Þ  D  A  R
P  G  T  A  D  R  L  V  O  K  I  U  M  T
I  U  Í  Q  K  L  Æ  I  K  Þ  Q  R  A  I
L  R  M  J  X  A  R  S  E  Q  I  J  N  Z
D  T  I  D  T  J  A  K  U  D  P  U  K  K
I  B  Z  Ð  Q  M  G  I  D  H  X  X  R  I
Þ  M  L  W  M  S  Q  A  A  S  N  Q  Á  A
H  A  M  I  N  G  J  U  S  A  M  U  R  O
```

VINIR	KAKA
GAMAN	HAMINGJUSAMUR
ÁR	BOÐ
AÐ LÆRA	UNGUR
KERTI	DAGUR
GJÖF	GLAÐUR
DAGATAL	FÆDDUR
SPIL	VISKI
LAG	SÉRSTAKT
HÁTÍÐ	TÍMI

62 - Animaux de Compagnie

```
K  L  Æ  R  R  H  A  L  I  M  H  E  P  S
Ö  R  H  U  P  U  G  Z  B  Ú  A  B  U  S
T  C  A  Q  Á  N  Ð  U  B  S  M  T  R  P
T  E  F  G  F  D  K  I  F  I  S  K  U  R
U  Ð  P  U  A  U  G  E  I  T  T  N  D  R
R  L  F  K  G  R  Q  T  K  A  U  V  O  R
H  Þ  J  A  I  Þ  P  Ý  U  R  S  A  I
V  A  T  N  U  N  S  A  R  M  N  Z  I  C
O  H  Ð  U  K  P  Í  Þ  B  U  A  I  S  I
L  U  Æ  E  U  Z  W  N  F  R  O  B  W  L
P  Þ  F  C  R  L  W  Ð  A  O  F  N  X  Q
U  Þ  S  K  J  A  L  D  B  A  K  A  G  A
R  K  E  T  T  L  I  N  G  U  R  V  H  Ð
D  Ý  R  A  L  Æ  K  N  I  R  S  A  V  O
```

KÖTTUR	KANÍNA
KETTLINGUR	EÐLA
GEIT	MATUR
HUNDUR	PÁFAGAUKUR
HVOLPUR	FISKUR
KRAGA	HALI
VATN	MÚS
KLÆR	SKJALDBAKA
HAMSTUR	KÝR
TAUMUR	DÝRALÆKNIR

63 - Forêt Tropicale

```
L  T  B  F  U  G  L  A  R  X  X  I  S  A
S  K  O  R  D  Ý  R  Z  V  I  Z  B  A  Þ
E  K  T  U  D  Ý  R  M  Æ  T  U  R  M  T
N  A  A  M  V  Þ  L  B  K  L  E  B  F  N
D  N  N  B  V  E  A  Y  Ð  Q  A  S  É  Á
U  H  I  Y  L  I  Ð  M  O  S  S  P  L  T
R  A  C  G  K  I  R  U  P  K  M  E  A  T
R  T  A  G  B  P  F  Ð  R  Ý  K  N  G  Ú
E  H  L  J  K  E  T  U  I  F  V  D  L  R
I  V  P  A  B  R  O  T  N  N  A  Ý  E  A
S  A  T  E  G  U  N  D  F  L  G  R  G  N
N  R  F  R  U  M  S  K  Ó  G  U  R  L  T
C  F  F  J  Ö  L  B  R  E  Y  T  N  I  F
V  A  R  Ð  V  E  I  S  L  U  Z  F  Þ  I
```

BOTANICAL	NÁTTÚRAN
VEÐURFAR	SKÝ
SAMFÉLAG	FUGLAR
FJÖLBREYTNI	DÝRMÆTUR
TEGUND	VARÐVEISLU
FRUMBYGGJA	ATHVARF
SKORDÝR	VIRÐING
FRUMSKÓGUR	ENDURREISN
SPENDÝR	LIFUN
MOSS	

64 - Insectes

```
J  P  T  W  N  O  P  H  Þ  G  K  P  D  D
I  F  R  Í  P  U  R  O  W  E  A  L  A  R
B  Í  I  N  M  A  U  R  U  I  K  Ö  H  A
E  A  Q  Ð  T  R  E  N  Z  T  K  N  M  G
G  N  A  T  R  K  Q  E  Ð  U  A  T  A  O
Þ  S  R  Z  H  I  U  T  Ð  N  L  U  N  N
C  I  C  A  D  A  L  Y  A  G  A  L  T  F
Z  U  U  Q  L  G  I  D  B  U  K  Ú  I  L
T  A  O  R  M  U  R  F  I  R  K  S  S  Y
L  J  I  M  S  Þ  V  L  L  M  I  F  X  G
Z  B  J  A  L  L  A  Ó  Þ  U  J  Y  Ð  F
G  R  A  S  K  Ú  L  A  D  A  G  U  B  I
H  T  E  R  M  I  T  E  P  Þ  C  A  F  B
E  N  G  I  S  P  R  E  T  T  U  R  Þ  H
```

BÍ	MANTIS
KAKKALAKKI	GNAT
CICADA	FLUGA
FRÍPUR	FIÐRILDI
ENGISPRETTUR	FLÓ
MAUR	PLÖNTULÚS
HORNET	GRASKÚLA
GEITUNGUR	BJALLA
LIRVA	TERMITE
DRAGONFLY	ORMUR

65 - Ferme #1

```
B L A N D B Ú N A Ð U R K V
A Í C H H Y V A T N M J J Í
S U K Ý R W V Ð E E T L Ú S
N T S M Í C H U N A N G K U
I J H E S T U R S A W G L N
Ð Y T F G I R Ð I N G Q I D
Z F R T R T E G J A Y U N U
Q L J B L R K Y R P Z B G R
V O J D Ó K O F K Ö T T U R
Q K T B N O R Q Ð T W S R J
G K Þ O Q O G Á B U R Ð U R
H U N D U R E W K Á L F U R
E R J Y X D I F D A H N M T
Y Q T C Q B T U H G D E D L
```

BÍ	KRÁKA
LANDBÚNAÐUR	VATN
ASNI	ÁBURÐUR
VÍSUNDUR	HEY
ENGI	HUNANG
KÖTTUR	KJÚKLINGUR
HESTUR	HRÍSGRJÓN
GEIT	FLOKKUR
HUNDUR	KÝR
GIRÐING	KÁLFUR

66 - Escalade

```
N M H S T Y R K U R Ð S Z L
A Y E H Æ Ð Z X L Q H É C E
G K L M E I Ð S L U M R Q I
X Q L E D Z I W G S S F S Ð
Þ W I U G S L Ð Ö T T R J S
J H A N S K A L N J Ö Æ Á Ö
Á Z V N X W W Ð G Ó Ð Ð S G
L K Þ V I S X R U R U I K U
F O R V I T N I F N G N O M
U R Ö K V Í R S E M L G R E
N T N M D G Ð K R Á E U A N
R V G O D V N T Ð L I R N N
C A T E Þ É K S I Y K A I M
H X H J Á L M U R H I A R Z
```

HÆÐ
STJÓRNMÁL
MEIÐSLUM
STÍGVÉL
KORT
HJÁLMUR
FORVITNI
ÁSKORANIR
SÉRFRÆÐINGUR

ÞRÖNGT
STYRKUR
ÞJÁLFUN
HANSKA
HELLI
LEIÐSÖGUMENN
GÖNGUFERÐIR
STÖÐUGLEIKI

67 - École #2

```
B  Þ  B  K  V  P  A  O  Ð  A  S  O  F  Q
E  Ó  Ó  U  S  T  Æ  R  Ð  F  R  Æ  Ð  I
M  P  K  X  Z  Þ  P  Ð  Ú  O  D  Ð  G  K
E  S  A  M  A  H  A  A  Ð  T  Ö  L  V  U
N  B  S  S  E  F  G  B  Ð  O  U  J  V  Ð
N  D  A  B  T  N  G  Ó  J  S  K  Æ  R  I
T  A  F  Æ  U  A  N  K  P  A  P  P  Í  R
U  G  N  K  Þ  G  R  T  Ð  S  F  E  D  X
N  A  S  U  F  E  P  F  I  O  L  K  J  H
T  T  K  R  V  G  M  C  S  R  Z  I  P  K
K  A  Ó  U  L  H  P  Y  L  E  I  K  I  R
D  L  R  K  E  N  N  A  R  I  M  S  R  R
L  E  S  T  U  R  C  Z  I  D  K  I  X  Y
B  L  Ý  A  N  T  U  R  U  Q  R  X  V  N
```

STARFSEMI   MENNTUN
BÓKASAFN   LEIKIR
RÚTU   LESTUR
DAGATAL   BÓKMENNTIR
SKÓR   BÆKUR
SKÆRI   STÆRÐFRÆÐI
BLÝANTUR   TÖLVU
ORÐABÓK   PAPPÍR
KENNARI

68 - Antarctique

```
U  M  H  V  E  R  F  I  Ð  V  H  T  F  Á
L  E  I  Ð  A  N  G  U  R  L  Q  M  M  L
R  A  N  N  S  Ó  K  N  I  R  I  O  L  F
L  A  N  D  S  L  A  G  U  M  F  R  W  U
S  F  Q  T  P  D  Y  S  O  X  B  O  D  N
K  N  B  L  A  N  D  A  F  R  Æ  Ð  I  N
A  Q  V  Í  S  I  N  D  L  E  G  T  D  I
G  J  D  Y  E  N  E  J  Ó  C  Y  U  S  E
I  D  Ö  A  H  V  A  L  I  R  O  C  K  Y
H  O  N  K  V  E  R  N  D  U  N  O  Ý  J
Y  O  D  G  L  V  Í  O  Z  J  O  D  W  A
H  X  H  I  T  A  S  T  I  G  B  K  Q  R
J  Ð  Q  I  T  T  R  F  U  G  L  A  R  B
A  S  T  E  I  N  E  F  N  I  W  U  H  V
```

FLÓI	JÖKLAR
HVALIR	EYJAR
RANNSÓKNIR	STEINEFNI
VERNDUN	SKÝ
ÁLFUNNI	FUGLAR
VATN	SKAGI
UMHVERFI	ROCKY
LEIÐANGUR	VÍSINDLEGT
LANDAFRÆÐI	HITASTIG
ÍS	LANDSLAG

69 - Professions #2

```
Ú  T  F  E  Ð  U  C  N  Ð  R  V  L  O  D
P  T  T  A  Z  F  J  K  H  A  D  J  D  F
R  Q  G  I  T  Z  L  Æ  K  N  I  Ó  R  D
Ó  R  A  E  T  P  C  Ð  W  N  M  S  E  B
F  J  A  R  F  O  O  I  Q  S  F  M  G  Ó
E  T  N  N  B  A  V  X  V  A  L  Y  C  N
S  N  G  A  N  M  N  D  W  K  U  N  K  D
S  A  U  K  Ð  S  L  D  H  A  G  D  E  I
O  X  R  E  W  T  Ó  Ð  I  N  M  A  N  M
R  W  U  H  N  A  Y  K  M  D  A  R  N  Á
T  E  I  K  N  A  R  I  N  A  Ð  I  A  L
G  E  I  M  F  A  R  I  L  I  U  R  R  A
T  A  N  N  L  Æ  K  N  I  Þ  R  C  I  R
V  E  R  K  F  R  Æ  Ð  I  N  G  U  R  I
```

BÓNDI
GEIMFARI
RANNSÓKNIR
TANNLÆKNI
RANNSAKANDA
KENNARI
ÚTGEFANDI

TEIKNARI
VERKFRÆÐINGUR
LÆKNI
MÁLARI
LJÓSMYNDARI
FLUGMAÐUR
PRÓFESSOR

70 - Les Abeilles

```
C D B Q T D G D J V H Z O B
B V F J Ö L B R E Y T N I Ý
Á L A E G X Þ O B V B G K F
V L Ó X A Ð F T L I Ú K V L
Ö G F M R I R T Ó S S X I U
X I M R Ð P J N M T V R K G
T W E S U D Ó I S K Æ A S N
U G P Ó R Þ K N T E Ð X S A
R A Q L V V O G R R I R K B
E G K R Ö Æ R K A F Q V O Ú
Y N Z X L N N Ð K I L U R J
K L Y L P G T M A T U R D Q
U E X U P I H U N A N G Ý G
R G K Þ S A P Z R P E U R Z
```

VÆNGI	BÚSVÆÐI
GAGNLEG	SKORDÝR
VAX	GARÐUR
FJÖLBREYTNI	HUNANG
KVIK	MATUR
VISTKERFI	PLÖNTUR
BLÓMSTRA	FRJÓKORN
BLÓM	DROTTNING
ÁVÖXTUR	BÝFLUGNABÚ
REYKUR	SÓL

71 - Dinosaures

```
W K J Ö T Æ T A O B Y E Q Þ
Ð I M U G Í F U R L E G U R
R M J Ö R Ð A Q Q V B O G Ó
M A M M O T H H Ð U Ð Þ R U
B O R A M E A S V G D G I N
Y I L P N G L Æ S A K I M P
Þ V Þ G I U I S T Æ R Ð M P
D V H C V N E Q Ó A Y F U U
V D F C O D T L R N N Z R F
Ð Æ S K R I Ð D Ý R C E X L
O V N C E Ö F L U G U R U O
C E I G B G R G Ð B R Á Ð B
H T Z G I Z O K Q T A T W Q
F O R S Ö G U L E G U M P I
```

VÆNGI	OMNIVORE
KJÖTÆTA	FORSÖGULEGUM
HVARF	BRÁÐ
TEGUND	ÖFLUGUR
GÍFURLEGUR	HALI
ÞRÓUN	SKRIÐDÝR
STÓR	STÆRÐ
JURTAÆTA	JÖRÐ
MAMMOTH	GRIMMUR

72 - Conduite

```
E  Ð  A  E  Y  Þ  M  S  U  Y  K  O  R  T
Q  L  Ö  G  R  E  G  L  A  N  V  N  A  B
H  Ö  D  A  Ð  U  N  U  S  I  E  C  B  S
S  R  Y  S  Q  M  V  C  L  X  G  X  B  X
A  Y  A  F  N  F  B  Ö  Q  O  U  Q  O  T
M  G  M  Ð  I  E  N  L  R  D  R  G  Ð  M
G  G  Ð  L  I  R  Y  N  I  U  S  L  Y  S
Ö  I  K  W  H  Ð  N  T  C  Y  B  Í  L  L
N  D  P  H  G  Ö  N  G  I  H  R  Í  D  R
G  Q  G  Æ  Þ  L  E  Y  F  I  E  M  L  B
U  M  Ó  T  O  R  H  J  Ó  L  M  Ó  Q  L
R  N  Ð  T  S  X  S  W  J  H  S  T  C  M
E  W  G  A  N  G  A  N  D  I  U  O  A  L
U  V  B  Í  L  S  K  Ú  R  P  R  R  B  F
```

SLYS
VÖRUBÍLL
ELDSNEYTI
KORT
HÆTTA
BREMSUR
BÍLSKÚR
GAS
LEYFI
MÓTOR

MÓTORHJÓL
GANGANDI
LÖGREGLAN
VEGUR
ÖRYGGI
UMFERÐ
SAMGÖNGUR
GÖNG
HRAÐI
BÍLL

73 - Plantes

```
T  R  É  E  S  L  Á  B  U  R  Ð  U  R  G
N  Ó  G  B  Ð  P  Y  E  Þ  Y  X  L  D  R
G  T  R  K  U  Ð  A  R  D  O  T  V  Q  A
R  Q  Ó  R  V  S  B  L  Ó  M  D  Z  T  S
A  O  Ð  Ó  H  A  H  K  A  K  T  U  S  A
S  H  U  N  N  V  X  J  X  E  P  K  Y  F
S  M  R  U  D  P  G  A  R  Ð  U  R  R  R
Z  M  T  B  N  T  R  B  Q  T  T  Y  T  Æ
S  F  F  L  O  R  A  A  A  K  Z  W  Þ  Ð
U  M  A  A  Þ  Þ  C  U  G  M  O  S  S  I
Y  S  B  Ð  L  X  A  N  P  C  B  B  Þ  T
I  V  Y  U  Þ  Þ  J  S  K  Ó  G  U  R  C
Ð  Y  J  X  W  L  Y  P  E  Þ  H  Z  S  I
M  M  Ð  L  U  Y  Þ  E  H  M  Q  C  E  Þ
```

TRÉ	SKÓGUR
BER	VAXA
BAMBUS	BAUN
GRASAFRÆÐI	GRAS
BUSH	GARÐUR
KAKTUS	IVY
ÁBURÐUR	MOSS
SM	KRÓNUBLAÐ
BLÓM	RÓT
FLORA	GRÓÐUR

74 - Ferme #2

```
H  K  D  B  Ó  N  D  I  U  L  B  O  N  B
M  I  Ý  M  Y  L  P  H  M  A  T  U  R  Ý
J  N  R  W  P  G  R  Æ  N  M  E  T  I  F
Ó  D  A  Ð  S  K  G  E  H  A  C  J  A  L
L  R  Á  P  I  O  V  N  V  D  N  Q  L  U
K  Á  P  V  P  R  I  G  E  Ý  N  L  D  G
Y  T  Q  N  Ö  N  D  I  I  R  H  P  I  N
O  T  H  Q  A  X  X  L  T  Ð  W  H  N  A
L  A  M  B  K  U  T  G  I  O  K  T  G  B
V  R  Q  B  K  F  Þ  U  C  K  L  J  A  Ú
Á  V  E  I  T  U  Y  B  R  D  Ð  T  R  Ð
J  É  K  Z  U  L  O  Z  U  E  Z  B  Ð  Y
H  L  Ö  Ð  U  I  A  N  Q  Q  Z  S  U  P
K  I  Þ  Z  Q  A  M  R  Ð  B  O  P  R  J
```

LAMB	LAMADÝR
BÓNDI	GRÆNMETI
DÝR	KORN
HIRÐIR	KIND
HVEITI	MATUR
ÖND	BYGG
ÁVÖXTUR	ENGI
HLÖÐU	BÝFLUGNABÚ
ÁVEITU	DRÁTTARVÉL
MJÓLK	ALDINGARÐUR

75 - École #1

```
U V L C Ð Y S U W R L W P M
R I J G Y X P T S X Q C E E
H N X M N Y R Ö Ó V M W N R
P I C R B Ð Ð L B L Ö K N K
V R Q U B Æ K U R P Þ R A J
I C H R S Ð N R Z T P N C U
B L Ý A N T U R T K A D Q M
G A M A N Z A J M A P R Ó F
N J P Ð T H T F X W P B S M
B Ó K A S A F N R O Í O J Ö
A Ð L Æ R A J N M Ó R Z W P
S K R I F B O R Ð I F A Q P
K E N N A R I M Þ L V I Q U
S T Æ R Ð F R Æ Ð I F O Ð R
```

STAFRÓFIÐ	MÖPPUR
VINIR	KENNARI
GAMAN	PRÓF
AÐ LÆRA	BÆKUR
BÓKASAFN	MERKJUM
SKRIFBORÐ	STÆRÐFRÆÐI
STÓL	TÖLUR
BLÝANTUR	PAPPÍR
PENNA	SVÖR

76 - Vacances #2

```
S U J O Y J G J H L N C Q V
R A Ú T L E N D I N G U R E
T Í M I S T E Ú M Z L R S G
J B Y G U B Y C T D M X J A
A B N N Ö P J Z U J R U Ó B
L C D Þ U N A Ð M S Æ Q Q R
D F I H J B G X H N T Ð O É
K O R T A X I U I Ó M T A F
F J Ö L L F J A R A T F K R
F L U G V Ö L L U R A E Ð Í
Á F A N G A S T A Ð U R L K
X N C W X I X Ð O D L Ð E V
T D R U I N C Z M F P L S P
G E F Y H Z E Y U B R S T G
```

FLUGVÖLLUR
ÚTJÆÐA
KORT
ÁFANGASTAÐUR
ÚTLENDINGUR
HÓTEL
EYJA
TÍMIST
SJÓ
FJÖLL

VEGABRÉF
MYNDIR
FJARA
TAXI
TJALD
LEST
SAMGÖNGUR
FRÍ
FERÐ

77 - Outils

```
E  C  P  H  S  D  S  W  F  J  S  Þ  U  G
H  C  S  T  E  C  I  N  N  E  K  W  Z  F
H  A  M  A  R  A  K  V  É  L  R  G  U  P
E  Q  O  J  Y  L  Í  M  S  V  Ú  P  Z  N
F  I  K  A  B  E  L  Þ  A  W  F  J  Ð  V
T  X  A  B  D  S  Ð  K  W  L  A  A  U  Þ
A  A  U  Þ  X  N  L  Y  B  H  L  X  C  C
R  Ð  N  H  J  Ó  L  N  Þ  V  K  E  K  G
I  Þ  C  G  E  K  Y  D  Q  X  Q  N  T  H
L  N  Ö  X  I  G  T  I  S  A  F  M  A  N
S  Z  S  K  Æ  R  I  L  B  T  N  L  D  Í
H  F  Q  I  M  V  Ð  L  X  U  I  A  Q  F
R  E  I  P  I  H  Ö  F  Ð  I  N  G  J  A
H  E  F  T  A  L  I  Z  L  N  Þ  Q  I  W
```

HEFTA	MALLET
HEFTARI	HAMAR
KABEL	MOKA
SKÆRI	TANGIR
LÍM	RAKVÉL
REIPI	HÖFÐINGJA
HNÍF	HJÓL
STIGI	KYNDILL
ÖXI	SKRÚFA

78 - Temps

```
M Q Z R Ð D G L Q Á L G K H
O Ö L D H M A V H Ð Á P L L
R S L L L Á R G W U R Z U E
G F D X K R D B U R L J K P
U R Z D D A V E H R E L K T
N A W E F T I R G A G Þ U H
N M I M C U K W S I A M S Q
Ú T Í Á D G A O M Q E F T T
N Í G N Q U W N U Y L Ð U K
A Ð Æ U Ú R K L U K K A N B
A J R Ð G T R W W S J B D J
Þ R S U U V A D A G A T A L
L W B R Á Ð U M N Ó T T L M
A H A M A Ð G S E G M B S Ð
```

ÁR	KLUKKA
ÁRLEGA	DAGUR
EFTIR	NÚNA
ÁÐUR	MORGUNN
BRÁÐUM	HÁDEGI
DAGATAL	MÍNÚTA
ÁRATUGUR	MÁNUÐUR
FRAMTÍÐ	NÓTT
KLUKKUSTUND	VIKA
Í GÆR	ÖLD

79 - Maison

```
O  H  S  P  B  K  U  H  Þ  I  Ð  H  S  X
S  V  Á  Z  B  F  Ú  L  U  S  Þ  E  X  D
R  E  E  A  Í  K  L  S  S  R  C  R  L  X
L  L  F  R  L  O  F  T  T  M  Ð  B  E  F
K  D  L  I  S  O  A  Þ  Q  U  L  E  J  C
L  H  U  N  K  W  F  L  A  B  R  R  B  P
Y  Ú  Z  N  Ú  V  U  T  P  J  J  G  L  N
K  S  T  U  R  T  U  G  I  R  Ð  I  N  G
L  B  Ó  K  A  S  A  F  N  N  Þ  A  K  L
A  G  Ó  L  F  M  O  T  T  A  U  P  Z  U
J  G  A  R  Ð  U  R  V  C  K  C  L  Y  G
K  S  X  C  S  S  P  E  G  I  L  L  M  G
L  A  M  P  I  O  Y  G  J  Y  Y  S  H  I
U  T  P  G  L  U  G  G  A  T  J  Ö  L  D
```

KÚSTUR
BÓKASAFN
HERBERGI
ARINN
LYKLA
GIRÐING
ELDHÚS
STURTU
GLUGGI
BÍLSKÚR

HÁALOFTINU
GARÐUR
LAMPI
SPEGILL
VEGG
LOFT
HURÐ
GLUGGATJÖLD
GÓLFMOTTA
ÞAK

80 - Légumes

```
S  E  L  L  E  R  Í  D  M  X  Þ  E  T  D
P  I  Z  Ð  V  Y  Æ  S  Z  S  Y  G  J  U
E  G  L  Y  Q  F  Y  Ð  I  G  Ú  R  K  U
R  G  U  L  R  Ó  T  E  J  Z  N  A  T  E
G  Z  Ó  L  Í  F  T  Ó  M  A  T  S  W  G
I  H  V  Í  T  L  A  U  K  U  R  K  O  G
L  N  Æ  P  A  S  P  Í  N  A  T  E  P  A
K  A  R  T  I  H  O  K  E  Q  Y  R  Q  L
Á  K  U  S  T  E  I  N  S  E  L  J  A  D
L  M  H  K  C  P  S  V  E  P  P  I  R  I
L  D  J  B  U  N  E  D  Y  Þ  V  T  C  N
B  O  X  X  G  R  S  A  L  A  T  P  J  F
V  J  A  X  Z  A  J  E  N  G  I  F  E  R
S  K  A  L  O  T  T  L  A  U  K  U  R  Q
```

HVÍTLAUKUR	SPÍNAT
ARTIHOKE	ENGIFER
EGGALDIN	NÆPA
SPERGILKÁL	LAUKUR
GULRÓT	ÓLÍF
SELLERÍ	STEINSELJA
SVEPPIR	PEA
GRASKER	RÆÐJA
GÚRKU	SALAT
SKALOTTLAUKUR	TÓMAT

81 - Plage

```
K  B  I  Q  Ð  J  K  S  J  Ó  Þ  B  W  S
R  I  F  R  Í  F  J  E  K  A  Y  R  S  T
A  H  V  Y  Q  C  O  C  Y  Ó  P  Y  M  R
B  Á  T  U  R  N  R  I  B  J  H  G  Z  Ö
B  L  S  K  E  L  J  A  R  H  A  G  S  N
I  Q  E  D  G  B  L  Á  R  Þ  F  J  Ó  D
L  Z  G  L  N  W  M  G  Ð  Y  S  U  L  I
P  Y  L  B  H  A  N  D  K  L  Æ  Ð  I  N
O  Y  B  W  L  F  Ð  W  T  Ó  I  B  R  N
X  T  Á  H  Í  Q  X  S  A  N  D  U  R  I
J  D  T  K  F  T  L  Þ  Y  B  G  R  L  Q
I  T  U  M  U  J  H  V  O  N  H  Ð  S  X
A  G  R  J  C  P  F  F  B  R  D  I  L  A
X  D  Ð  T  X  Z  Ð  S  D  B  C  A  V  F
```

BÁTUR	HAF
BLÁR	REGNHLÍF
SKELJAR	RIF
STRÖNDINNI	SANDUR
KRABBI	SKÓ
BRYGGJU	HANDKLÆÐI
EYJA	SÓL
LÓN	FRÍ
SJÓ	SEGLBÁTUR
AÐ SYNDA	

82 - Famille

```
F T V Í B U R A R L K R W A
O E M B B A R N K V C H M T
R I Y H A F R Æ N K A M Z O
F G M M R M M N I R E M L Q
A I Z X N S O L Æ G I X M Q
Ð N D U A M V S Y S T I R A
I M C W B B Ö R N Q K K U S
R A B O A F R Æ N D I A M I
P Ð L E R M F W K Ó N A F I
I U F Z N Ó Ó U O T G D B A
L R A R Q Ð O Ð N T A B L Q
E H Ð E L I H S U I R Q D X
Þ K I U B R Ó Ð I R B B Ð N
Q R R E I G I N K O N A P X
```

FORFAÐIR	EIGINMAÐUR
BARNÆSKA	MÓÐUR
BARN	MÓÐIR
BÖRN	FRÆNDI
EIGINKONA	INGAR
DÓTTIR	BARNABARN
BRÓÐIR	FAÐIR
AMMA	SYSTIR
AFI	FRÆNKA
TVÍBURAR	

83 - Oiseaux

```
K  J  Ú  K  L  I  N  G  U  R  Ö  P  M  N
R  G  I  Q  D  M  Á  F  U  R  N  E  G  G
U  U  V  I  W  H  Z  Z  R  I  D  A  F  M
K  S  Q  K  J  F  N  L  C  O  X  C  L  S
B  T  O  U  C  A  N  G  Æ  S  E  O  A  C
X  O  C  B  R  C  N  F  W  S  B  C  M  D
K  R  Á  K  A  D  Ú  F  A  T  S  K  I  H
I  K  U  U  B  F  W  A  B  R  K  X  N  E
X  U  Y  K  S  S  Q  V  N  Ú  M  R  G  R
U  R  K  X  P  V  N  K  L  T  Ö  J  O  O
Q  J  C  Þ  N  G  A  U  K  U  R  R  N  N
P  E  L  I  C  A  N  N  P  R  G  Þ  N  U
P  Á  F  A  G  A  U  K  U  R  Æ  G  Q  R
S  P  A  R  R  O  W  N  C  R  S  T  V  T
```

ÖRN	MÖRGÆS
STRÚTUR	SPARROW
ÖND	MÁFUR
STORKUR	EGG
DÚFA	GÆS
KRÁKA	PEACOCK
GAUKUR	PÁFAGAUKUR
SVANUR	PELICAN
FLAMINGO	KJÚKLINGUR
HERON	TOUCAN

84 - Disciplines Scientifiques

```
L  J  E  F  N  A  F  R  Æ  Ð  I  V  M  M
F  Í  A  V  V  M  L  Q  I  L  V  I  Á  K
É  V  F  R  É  B  X  F  E  Í  É  S  L  R
L  F  L  E  Ð  L  T  A  Þ  F  L  T  V  Y
A  Y  A  T  Ð  F  F  K  M  F  M  F  Í  E
G  S  V  P  A  L  R  R  T  R  E  R  S  S
S  Ð  Ð  Q  C  N  I  Æ  Æ  Æ  N  Æ  I  Á
F  Y  Þ  A  D  F  J  S  Ð  Ð  N  Ð  N  L
R  L  D  Q  G  Þ  B  X  F  I  I  I  D  F
Æ  S  T  J  Ö  R  N  U  F  R  Æ  Ð  I  R
Ð  S  T  E  I  N  D  A  F  R  Æ  Ð  I  Æ
I  V  E  Ð  U  R  F  R  Æ  Ð  I  Ð  C  Ð
T  A  U  G  A  F  R  Æ  Ð  I  Y  M  I  I
L  Í  F  E  F  N  A  F  R  Æ  Ð  I  Z  E
```

STJÖRNUFRÆÐI
LÍFEFNAFRÆÐI
LÍFFRÆÐI
EFNAFRÆÐI
VISTFRÆÐI
JARÐFRÆÐI
MÁLVÍSINDI
VÉLFRÆÐI

VEÐURFRÆÐI
STEINDAFRÆÐI
TAUGAFRÆÐI
LÍFEÐLISFRÆÐI
SÁLFRÆÐI
VÉLMENNI
FÉLAGSFRÆÐI

85 - Émotions

```
S  Z  L  R  L  R  E  I  Ð  I  R  K  S  T
W  V  M  Ó  E  Y  M  S  L  I  Z  Q  A  Þ
A  R  K  T  I  G  G  L  M  Þ  X  W  M  A
Þ  V  U  T  Ð  L  Ó  N  É  Þ  V  H  Ú  K
L  K  R  I  I  E  Ð  E  E  T  J  F  Ð  K
K  O  I  N  N  Ð  V  H  F  S  T  R  P  L
J  G  G  R  D  I  I  K  N  C  X  I  L  Á
Á  S  T  N  I  V  L  F  I  Þ  S  Ð  R  T
S  P  E  N  N  T  D  C  P  Y  O  U  Z  U
A  F  S  L  A  P  P  A  Ð  U  R  R  J  R
V  A  N  D  R  Æ  Ð  A  L  E  G  U  R  J
F  U  L  L  N  Æ  G  T  X  P  Z  M  A  J
L  P  Z  K  Y  O  J  Q  Þ  Q  Y  D  N  T
B  X  C  T  R  N  I  Ð  L  H  S  E  V  C
```

ÁST	FRIÐUR
LOGN	ÓTTI
REIÐI	ÞAKKLÁTUR
EFNI	LÉTTIR
AFSLAPPAÐUR	FULLNÆGT
VANDRÆÐALEGUR	SAMÚÐ
LEIÐINDI	EYMSLI
SPENNT	RÓ
GÓÐVILD	SORG
GLEÐI	

86 - Géographie

```
Á  T  B  G  E  Y  J  A  Q  D  F  V  R  Q
N  L  A  N  D  W  J  T  H  F  T  M  H  D
O  Ð  F  J  A  L  L  L  Æ  A  I  S  T  V
R  A  H  U  Y  Þ  F  A  Ð  E  F  J  B  E
Ð  K  L  J  N  N  Q  S  S  H  Ð  Ó  O  S
U  B  I  B  G  N  U  J  U  F  K  O  R  T
R  Y  Q  W  S  Q  I  J  Ð  Y  L  W  G  U
W  Y  E  T  H  V  W  A  U  D  Y  I  C  R
U  I  Q  Y  E  E  Æ  R  R  I  V  E  R  K
O  Q  V  L  I  Z  Q  Ð  K  Y  X  X  I  M
Y  H  D  F  M  K  K  A  I  M  T  Q  C  W
W  Z  F  Þ  U  T  N  R  B  R  E  I  D  D
L  Þ  M  E  R  I  D  I  A  N  F  E  S  R
Y  F  I  R  R  Á  Ð  A  S  V  Æ  Ð  I  V
```

HÆÐ
ATLAS
KORT
ÁLFUNNI
RIVER
JARÐAR
EYJA
BREIDD
SJÓ
MERIDIAN

HEIMUR
FJALL
NORÐUR
HAF
VESTUR
LAND
SVÆÐI
SUÐUR
YFIRRÁÐASVÆÐI
BORG

87 - Danse

```
S  F  H  E  F  Ð  B  U  N  D  I  N  S  K
J  E  É  W  K  Y  Q  A  N  G  D  S  V  L
Ó  I  L  L  H  Á  S  K  Ó  L  I  S  I  A
N  W  Í  M  A  Ð  Æ  J  J  A  T  A  P  S
R  M  K  H  E  G  F  F  K  Ð  K  M  M  S
Æ  R  A  A  H  N  I  C  M  U  Ó  T  I  Í
N  Q  M  Z  I  T  N  E  E  R  R  Ö  K  S
Z  D  I  X  L  Ó  G  I  N  Þ  E  K  I  K
T  I  L  F  I  N  N  I  N  G  Ó  H  L  A
M  A  N  Á  Ð  L  A  U  I  G  G  O  L  A
U  Y  K  Q  U  I  J  J  N  M  R  P  X  O
A  D  P  T  K  S  O  T  G  U  A  P  A  R
L  I  S  T  U  T  A  W  A  R  F  A  J  U
C  W  T  Z  F  R  G  T  R  Q  W  Y  Q  B
```

HÁSKÓLI	GLAÐUR
LIST	SAMTÖK
KÓREÓGRAF	TÓNLIST
KLASSÍSKA	FÉLAGI
LÍKAMI	ÆFING
MENNING	TAKTUR
MENNINGAR	HOPPA
SVIPMIKILL	HEFÐBUNDIN
TILFINNING	SJÓNRÆN
NÁÐ	

88 - Bâtiments

```
A A N K X Z D O B Þ V T H V
K L E F A G L B S A F N L X
W Q C I Þ K A S T A L I Ö E
V Ö L L I N N E G K U R Ð Ð
H P S E N D I R Á Ð O U U R
W I H I M A T V Ö R U B Ú Ð
H Á S K Ó L I A W G Ð N W B
B X Z H V T U T J A L D S I
Í Í B Ú Ð P U O P I T M Ð U
L S R S O V E R K S T Æ Ð I
S K K V I K M Y N D A H Ú S
K Ó B N L I G Y H Ó T E L Þ
Ú L W S J Ú K R A H Ú S R W
R I V E R K S M I Ð J U J Z
```

SENDIRÁÐ	HÓTEL
ÍBÚÐ	SAFN
VERKSTÆÐI	OBSERVATORY
KLEFA	VÖLLINN
KASTALI	MATVÖRUBÚÐ
KVIKMYNDAHÚS	TJALD
SKÓLI	LEIKHÚS
BÍLSKÚR	TURN
HLÖÐU	HÁSKÓLI
SJÚKRAHÚS	VERKSMIÐJU

89 - Pêche

```
H  B  Y  P  B  G  I  L  G  V  A  T  N  C
K  A  R  F  A  H  O  R  O  D  N  M  L  W
Ý  Ð  F  K  F  Y  S  J  R  J  N  Ð  S  Z
K  J  Á  L  K  A  T  K  Þ  H  B  D  T  E
J  F  J  A  R  A  L  J  B  A  F  C  Ö  W
U  Z  V  Þ  O  L  I  N  M  Æ  Ð  I  Ð  V
R  D  Í  H  B  Ú  N  A  Ð  U  R  Q  U  S
Á  I  R  B  Á  H  W  R  Þ  N  K  N  V  B
R  K  V  D  T  Á  L  K  N  Y  P  A  A  E
S  Q  J  E  U  Y  F  Ð  I  P  N  V  T  I
T  Z  O  L  R  K  R  Ó  K  U  R  G  N  T
Í  C  Ð  D  N  Z  S  B  F  S  T  U  D  A
Ð  O  Ð  A  O  T  O  N  F  J  F  A  T  I
G  S  H  H  A  Ð  P  Z  Þ  H  Q  F  Q  N
```

BEITA
BÁTUR
TÁLKN
KRÓKUR
ELDA
VATN
ÝKJUR
BÚNAÐUR
VÍR

RIVER
STÖÐUVATN
KJÁLKA
HAF
KARFA
ÞOLINMÆÐI
FJARA
ÞYNGD
ÁRSTÍÐ

90 - Activités et Loisirs

```
K A P P A K S T U R W G S H
W Ö F L T C Ú T J Æ Ð A U A
V E R S L A L V V F F R N F
X K M F L I S T E J E Ð D N
Z L Ö G U A V Z I D R Y L A
G O L F J B P P Ð T Ð R Á B
B E L W U F O P I E A K H O
V G H V Y N V L A N S J U L
F Ó T B O L T I T N T A G T
Z Ð A V N P D R Z I D I A I
M Á L V E R K P Q S B I M E
G Ö N G U F E R Ð I R I Á D
B L A K N W P P Z S I E L U
H N E F A L E I K A R D G L
```

VERSLA	SUND
LIST	ÁHUGAMÁL
HAFNABOLTI	MÁLVERK
KÖRFUBOLTI	VEIÐI
HNEFALEIKAR	KÖFUN
ÚTJÆÐA	GÖNGUFERÐIR
KAPPAKSTUR	AFSLAPPANDI
FÓTBOLTI	TENNIS
GOLF	BLAK
GARÐYRKJA	FERÐAST

91 - Livres

```
B  Ó  K  M  E  N  N  T  A  B  R  B  S  U
V  I  Ð  E  I  G  A  N  D  I  Y  Ö  K  N
Æ  V  I  N  T  Ý  R  I  S  A  F  N  Ð  E
J  O  V  Y  F  R  U  M  L  E  G  R  N  E
V  V  S  K  R  I  F  A  Ð  G  G  P  T  V
Ð  S  A  K  H  Ö  R  M  U  L  E  G  A  Z
S  Í  M  H  Á  S  Ö  G  U  M  A  Ð  U  R
Ö  Ð  H  Ö  E  L  S  A  G  A  B  Ð  M  U
G  A  E  F  I  P  D  T  V  Í  E  Ð  L  I
U  P  N  U  R  E  I  S  Y  Ð  T  V  A  X
L  L  G  N  F  Z  L  C  A  N  V  B  P  Þ
E  J  I  D  S  G  C  I  M  G  Þ  W  I  Ð
G  Ó  B  U  L  S  C  L  E  S  A  N  D  I
T  Ð  E  R  G  A  M  A  N  S  A  M  U  R
```

HÖFUNDUR	FRUMLEG
ÆVINTÝRI	LESANDI
SAFN	BÓKMENNTA
SAMHENGI	SÖGUMAÐUR
TVÍEÐLI	SÍÐA
SKRIFAÐ	VIÐEIGANDI
EPIC	LJÓÐ
SAGA	SKÁLDSAGA
SÖGULEGT	RÖÐ
GAMANSAMUR	HÖRMULEGA

92 - Pays #2

```
L  S  O  K  Ú  I  N  D  Ó  N  E  S  Í  A
Z  A  W  N  G  O  S  S  J  I  C  Q  C  P
H  Í  O  L  A  K  S  R  Ó  D  B  D  U  A
C  R  O  S  N  W  L  Ú  Þ  M  V  C  R  K
A  L  E  P  D  R  F  S  Ú  D  A  N  A  I
F  A  Ð  A  A  L  Ð  S  H  B  V  L  T  S
R  N  V  L  S  Ý  R  L  A  N  D  F  Í  T
A  D  H  B  K  D  Ú  A  J  A  P  A  N  A
K  B  W  A  N  W  K  N  A  Y  Z  Q  U  N
K  Í  U  N  Z  N  R  D  M  E  X  Í  K  Ó
L  D  N  Í  J  K  A  D  A  N  M  Ö  R  K
A  Q  H  A  W  Þ  Í  L  Í  B  A  N  O  N
N  H  A  Í  T  Í  N  T  K  E  N  Í  A  X
D  J  R  J  Y  T  A  I  A  V  H  D  X  N
```

ALBANÍA   LAOS
KÍNA   LÍBANON
DANMÖRK   MEXÍKÓ
FRAKKLAND   ÚGANDA
HAÍTÍ   PAKISTAN
INDÓNESÍA   RÚSSLAND
ÍRLAND   SÓMALÍA
JAMAÍKA   SÚDAN
JAPAN   SÝRLAND
KENÍA   ÚKRAÍNA

93 - Fournitures d'Art

```
H  B  L  Ý  A  N  T  A  R  V  I  S  C  Þ
B  U  A  K  R  Ý  L  G  S  K  Ö  P  U  N
O  U  G  Y  Q  B  Í  L  O  Q  V  K  C  G
R  H  R  M  O  A  M  Æ  L  I  T  I  P  B
Ð  N  V  S  Y  Y  Y  S  S  O  L  Í  A  L
P  S  B  Q  T  N  B  L  F  Z  C  S  P  E
Þ  C  H  Ð  A  A  D  A  X  R  W  G  P  K
K  O  L  T  Y  I  R  I  L  E  I  R  Í  M
Y  B  Z  H  A  L  R  I  R  E  T  W  R  L
S  T  Ó  L  E  Z  R  O  X  J  O  Q  H  A
V  A  T  N  S  L  I  T  I  R  J  S  A  K
P  A  S  T  E  L  L  I  T  I  R  Z  J  T
D  H  T  V  H  E  M  Y  N  D  A  V  É  L
Q  V  W  N  S  T  R  O  K  L  E  Ð  U  R
```

AKRÝL	BLÝANTAR
VATNSLITIR	SKÖPUN
LEIR	VATN
BURSTAR	BLEK
MYNDAVÉL	STROKLEÐUR
STÓL	OLÍA
KOL	HUGMYNDIR
GLÆSLA	PAPPÍR
LÍM	PASTELLITIR
LITI	BORÐ

94 - Jouets

```
B C D B B H R E T P B T B O
Í F N Ú Æ E A O F Z O F Á T
L E I R K Y J N W A L L T O
L F V O U K K P D A T U U K
H B K S R K A G D V I G R D
L J U Þ T U Z Þ N V E D R M
I M H L R E F U T Ö V R U F
T S K Á K A Z N R R É E K L
I F L E S T U V O U L K X U
W W E F Q Y B T M B M A V G
R E I Ð H J Ó L M Í E G P V
T J K J G Z W V U L N A A É
R L I W D B A O R L N B B L
N L R S Z C D Y Ð F I G Þ H
```

LEIR	LEIKIR
HANDVERK	BÆKUR
FLUGVÉL	DÚKKA
BOLTI	ÞRAUT
BÁTUR	VÉLMENNI
VÖRUBÍLL	TROMMUR
FLUGDREKA	LEST
LITI	REIÐHJÓL
SKÁK	BÍLL

95 - Eau

```
D R Y K K J A R H Æ F T Y A
B Þ A G U F U C A W Y P B I
I N G K H M E E F I E K B N
W R N E I O U P P G U F U N
W N S I S N F L Ó Ð Ð R W I
T V N J Í S N J Ó R Q O F V
T R R P K Ú E U M R C S I J
A Ö I H U N Y I V M T T U J
Y K G V R H Á S T U R T U W
B U N K E U S V Ö L D U R R
V M I Z L R J R E D M E Q I
X A N L A K E P R I S C W N
F P G E Y S I R C I T X X L
V A Ð F E L L I B Y L U R R
```

SÍKUR   ÁVEITU
STURTU   LAKE
UPPGUFUN   MONSÚN
RIVER   SNJÓR
FROST   HAF
GEYSIR   FELLIBYLUR
ÍS   RIGNING
RÖKUM   DRYKKJARHÆFT
RAKI   ÖLDUR
FLÓÐ   GUFU

96 - Paysages

```
S K A G I Q T M E B R Z J E
F J A L L N L L V Y B T Ö Y
D D U A Z V I N I T J F K Ð
H Z K F X K D A L U R A U I
G S T Ö Ð U V A T N I W L M
C J A O B K A U E D V A L Ö
K F Z P Z W Á C L R E P W R
G O S H V E R H D A R Q D K
Í S B E R G Ó E F W Z X A E
U S J W E A S L J H O G G U
G I Ð Ó A J T L A V Æ I M K
X A T Z E F D I L K H Ð Ý Þ
Q F U W V Q W N L F J A R A
X O V O B Y E N W P Y D I Þ
```

FOSS	STÖÐUVATN
HÆÐ	MÝRI
EYÐIMÖRK	SJÓ
ÁRÓS	FJALL
RIVER	VIN
GOSHVER	SKAGI
JÖKULL	FJARA
HELLI	TUNDRA
ÍSBERG	DALUR
EYJA	ELDFJALL

97 - Nombres

```
Þ  I  Q  A  Z  C  O  K  W  O  F  D  Ð  O
O  R  F  J  Ó  R  I  R  C  M  J  R  I  E
M  L  Í  G  L  T  T  X  Q  H  Ó  O  R  F
M  X  M  R  I  Þ  U  S  Q  K  R  T  S  T
X  J  P  K  U  P  R  S  Z  U  T  Í  U  U
H  Z  T  M  E  T  G  E  N  G  Á  Þ  K  T
K  F  A  W  H  E  C  X  T  Í  N  N  I  T
D  I  U  H  B  Ð  C  T  Ó  T  T  N  Í  U
N  M  K  W  K  Q  P  Á  L  V  Á  J  E  G
O  M  A  S  E  X  S  N  F  E  T  N  Á  U
I  T  S  Y  N  Q  J  B  H  I  T  Ú  R  N
S  Á  T  J  Á  N  Ö  V  S  R  A  L  T  L
I  N  A  Þ  O  Z  F  I  M  M  Ð  L  I  L
M  G  F  I  T  A  S  A  U  T  J  Á  N  J
```

FIMM   FJÓRTÁN
TVEIR   FJÓRIR
AUKASTAF   FIMMTÁN
TÍU   SEXTÁN
ÁTJÁN   SJÖ
NÍTJÁN   SEX
SAUTJÁN   ÞRETTÁN
TÓLF   ÞRÍR
ÁTTA   TUTTUGU
NÍU   NÚLL

98 - Nature

```
S  A  A  L  Í  F  L  E  G  T  F  K  W  Þ
T  A  R  U  Y  E  K  B  H  T  R  Þ  R  D
Þ  O  K  A  E  J  R  G  G  A  I  O  I  Ý
N  A  T  H  F  E  G  U  R  Ð  Ð  S  V  R
L  W  Í  D  E  K  V  I  K  R  S  M  E  O
D  X  S  H  M  L  B  Þ  R  J  Æ  W  R  D
S  G  K  S  K  Ó  G  U  R  F  L  A  I  A
L  G  U  F  A  I  N  I  T  X  T  S  J  P
N  O  R  R  O  F  H  O  D  S  K  Ý  Þ  J
X  T  R  O  P  I  C  A  L  Ó  K  S  Þ  M
S  K  J  Ó  L  V  I  L  L  T  M  U  S  U
R  A  U  I  Z  B  Ý  F  L  U  G  U  R  F
S  E  R  E  N  E  J  Ö  K  U  L  L  R  S
E  Y  Ð  I  M  Ö  R  K  K  V  V  H  B  B
```

BÝFLUGUR   RIVER
SKJÓL   SKÓGUR
DÝR   JÖKULL
ARKTÍSKUR   SKÝ
FEGURÐ   FRIÐSÆLT
ÞOKA   HELGIDÓMUR
EYÐIMÖRK   VILLT
KVIK   SERENE
ROF   TROPICAL
SM   LÍFLEGT

99 - Bateaux

```
A K K E R I O Þ I S G O Q S
Z U T S H Q J P B Q R P X T
K M G C Q Z K C R J E H E Ö
R V M J P S N E K K J U H Ð
Ö L D U R S J Ó M A N N A U
G O I C E E J E A B N E F V
R E I P I G F Ó S A I Ó E A
T M N V É L J H T U C P R T
Q X O R D B Ö N U N Y Y J N
P F I I Q Á R H R K A J A K
X R L V I T U O T A G T G C
O Ð V E J U G X O Þ P F E F
S L Ð R K R Á H Ö F N G T I
K Z K V W I S J Ó M A Ð U R
```

AKKERI   SJÓMAÐUR
BAU   MASTUR
KANÓ   SJÓ
REIPI   VÉL
ÁHÖFN   SJÓMANNA
FERJA   HAF
RIVER   FLEKI
KAJAK   ÖLDUR
STÖÐUVATN   SEGLBÁTUR
FJÖRU   SNEKKJU

100 - Mesures

```
G A L H M A U K A S T A F S
E R Í G R A M M X O H X I G
O G T R I P X Q T R Æ A X Þ
B V R Á H L B K O T Ð E M B
V Æ I Ð K Í L Ó M E T R A R
K B T A K Þ L T M E R O M E
F I O I Y Ú C T U Þ S J Y I
K N F Þ Y N G D Ý P T S Þ D
Í D Y B L S F M H H X A I D
L I Z C Þ A J Æ C L L H O Q
Ó H R V X U I L L H E S J C
O P Ð N D S Þ I U L D N Þ A
M Í N Ú T A P R T O N N G C
S E N T I M E T R R W F D D
```

SENTIMETR   MESSI
GRÁÐA   MÆLIR
AUKASTAF   MÍNÚTA
GRAMM   BÆTI
HÆÐ   ÚNSA
KÍLÓ   ÞYNGD
KÍLÓMETRA   TOMMU
BREIDD   DÝPT
LÍTRI   TONN
LENGD   BINDI

1 - Été

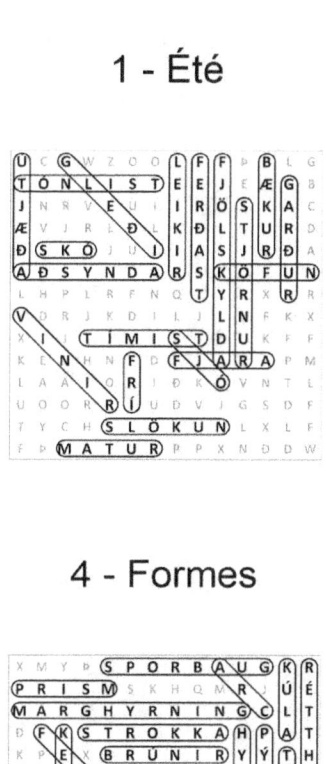

2 - Adjectifs #2

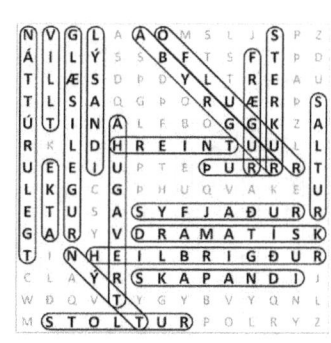

3 - Exploration

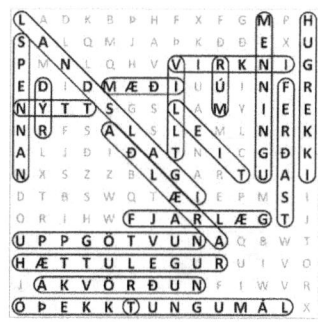

4 - Formes

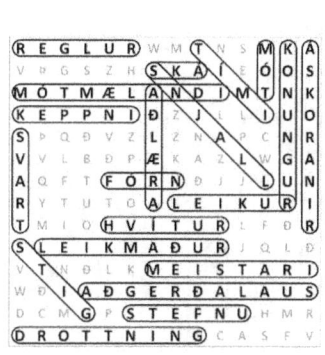

5 - Adjectifs #1

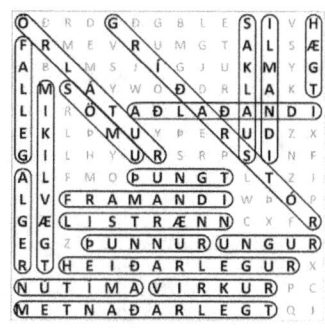

6 - Instruments de Musique

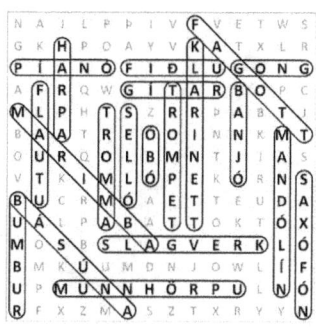

7 - Échecs

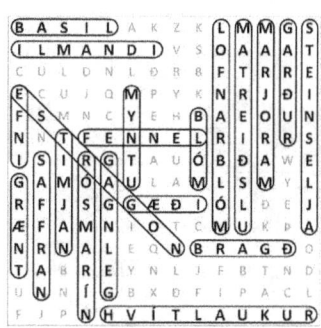

8 - Herboristerie

9 - Véhicules

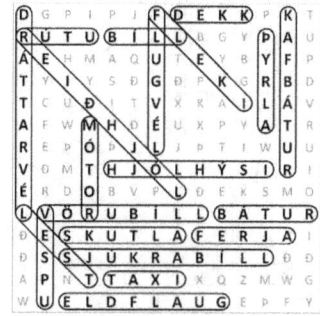

10 - Camping

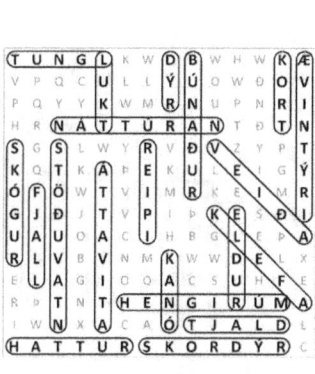

11 - Conservation

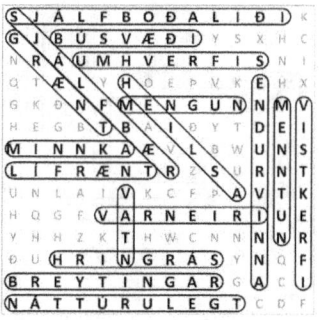

12 - Écologie

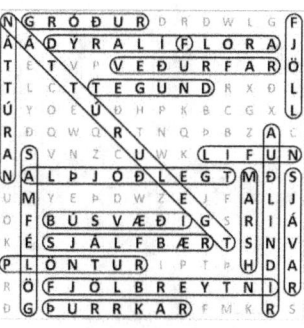

13 - Astronomie

14 - Types de Cheveux

15 - Restaurant #1

16 - Mammifères

17 - Sports

18 - Chocolat

19 - Mathématiques

20 - Mythologie

21 - Restaurant #2

22 - Couleurs

23 - Avions

24 - Aventure

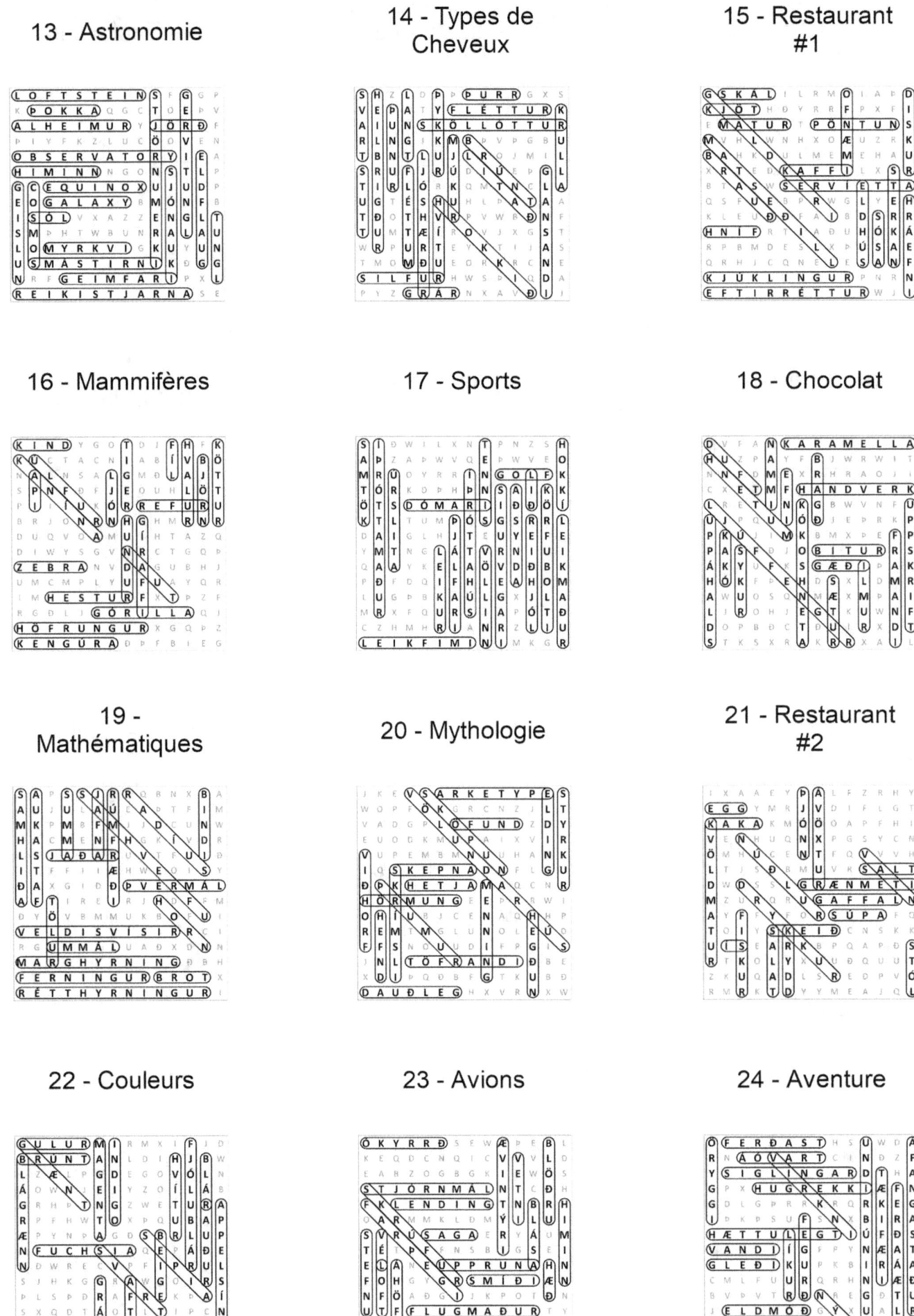

25 - Ville

GALLERI, HÁSKÓLINN, KAFFIHÚS, SKÓLI, HÓTEL, MARKAÐUR, MATVÖRUBÚÐ, KVIKMYNDAHÚS, FLUGVÖLLUR, BAKARÍ

26 - Cuisine

FRYSTIN, KÚMEN, FÆTI, SKÁL, HNÍFA, SKEIÐ, BOLLA, ÍSSKÁPUR, PINNAR

27 - Corps Humain

OXL, HJARTA, HÖKU, HNE, AÐN, ANDLIT, FINGUR, HÚÐ, EYRA, HÁLS

28 - Épices

MANÍS, PIPAR, KÓRÍ, SAFFRAN, BRAGÐ, KANIL, AUKUR

29 - Science

STEINEFNI, AÐFERÐ, GÖGN, ÁTHUGUN, TILRAUN, EÐLISFRÆÐI, VAGNIR, SAMEINDIR, STAÐREYND, PLÖNTUR

30 - Chats

FORVITINN, FEIMIN, HÁÐUR, MÚS, HALI, HRATT, FJÖRUGUR, GARN, BRJÁLAÐUR, ÁSTÚÐLEGUR, KLÓM

31 - Vêtements

BUXUR, HGH, HATÁ, SKYRTA, KÁPUSKÓVA, BIRMA, PEYSA, NÁTTFÖT, SJAKKI, ÍSKA, ARMBAND

32 - Arts Visuels

PORTRET, PENNI, KVIKMYND, LÍA, TK, LEIR, SAMSETNING, MEISTARAVERK, HÖGGMYND, ARKITEKTÚR, GLÆSLA, SKRÁNINGU, MÁLVERK, VAX

33 - Méditation

VENJA, NÁTTÚRAN, SJÓNARHORN, PAKKLÆTI, SAMÞYKKI, TILFINNINGAR, VAKAND, HUGA, ANDLEGT, FRIÐUR, ÁTHUGUN, SKÝRLEIKI, TÓNLIST

34 - Littérature

LÝSING, TAKTUR, HÖFUND, SKÁLDSAGA, RÆ, SÖGUMAÐUR, SKÁLDSKAPUR, SAMANBURÐUR, UMRÆÐU, STÍL, MYNDLÍKING, GREINING, ÞEMA

35 - Nourriture #1

SÍTRÓNU, SLA, SAFA, BYGG, RÓ, SALAT, TÚNFISKUR, JARÐARBER, SPÍNAT, SÚPA

36 - Jours et Mois

SEPTEMBER, JÚLÍ, MÍ, FRI, MARS, MÁNUÐUR, OKTÓBER, FEBRÚAR, MIÐVIKUDAGUR, DAGATAL, LAUGARDAGUR

37 - Championnat

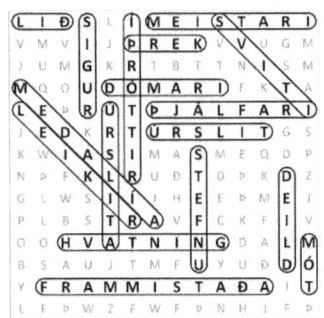

38 - Pirates

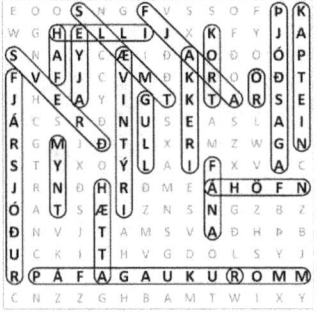

39 - Activités

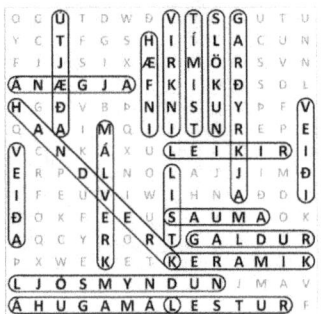

40 - Fleurs

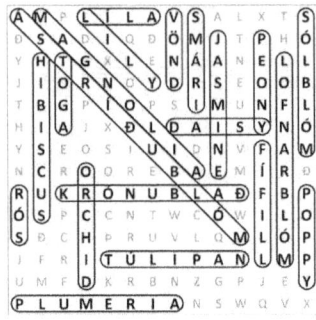

41 - Nourriture #2

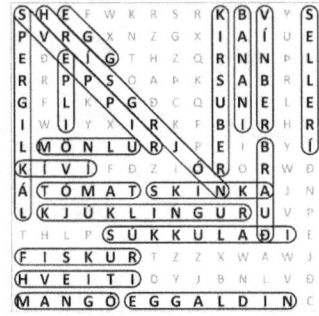

42 - Océan

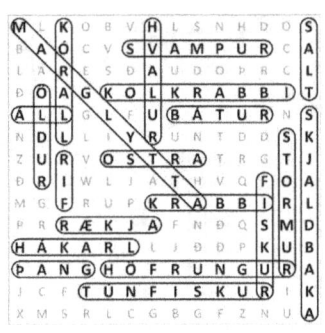

43 - Remplir

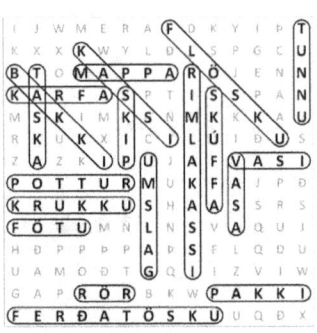

44 - Ballet

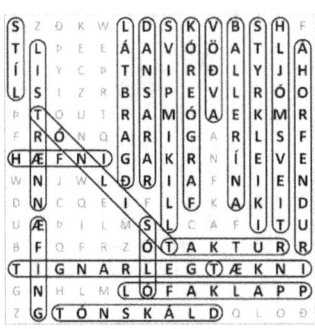

45 - Fruit

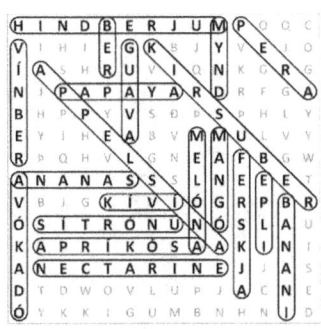

46 - Surf

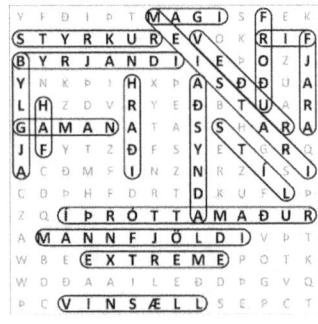

47 - Technologie

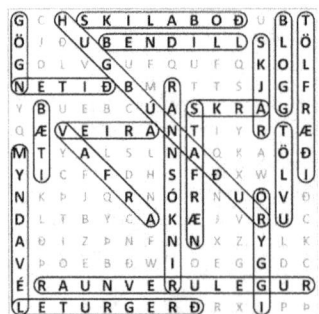

48 - Comédie

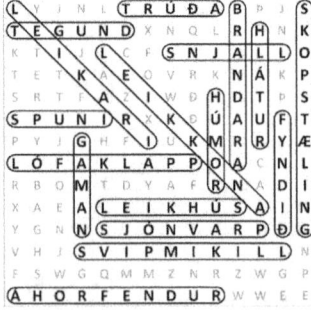

49 - Météo

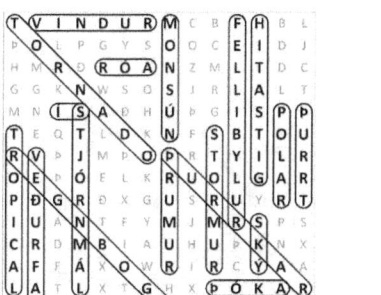

50 - Châteaux

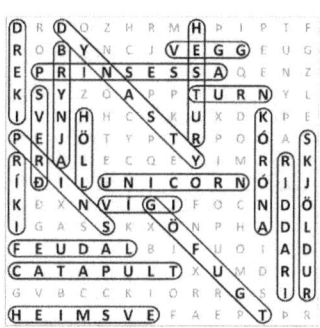

51 - Randonnée

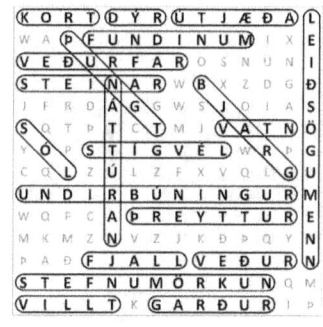

52 - Art

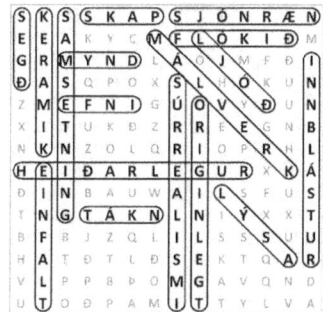

53 - Nutrition

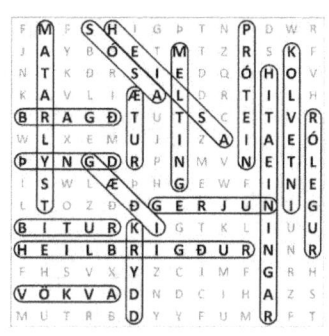

54 - Science Fiction

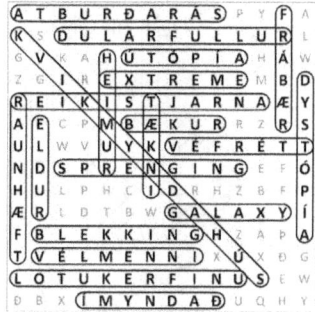

55 - Vertus #1

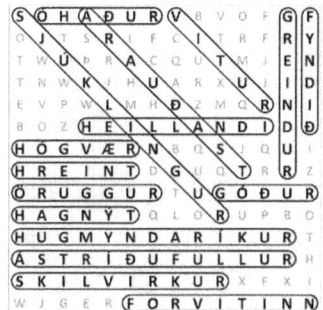

56 - Professions #1

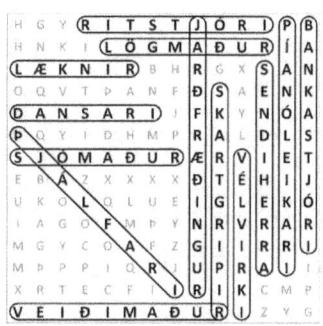

57 - Géologie

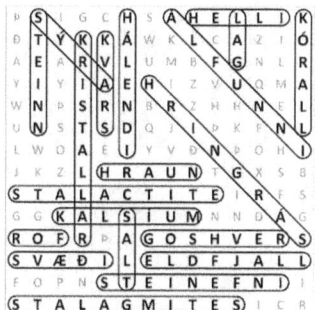

58 - Cirque

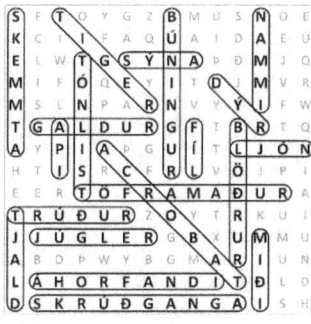

59 - Jardin

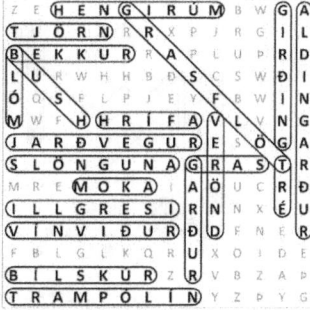

60 - Barbecues

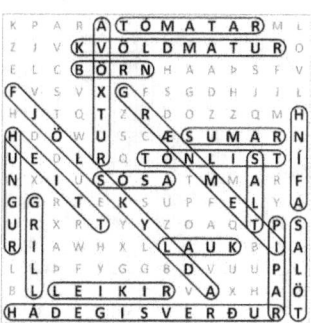

61 - Anniversaire

62 - Animaux de Compagnie

63 - Forêt Tropicale

64 - Insectes

65 - Ferme #1

66 - Escalade

67 - École #2

68 - Antarctique

69 - Professions #2

70 - Les Abeilles

71 - Dinosaures

72 - Conduite

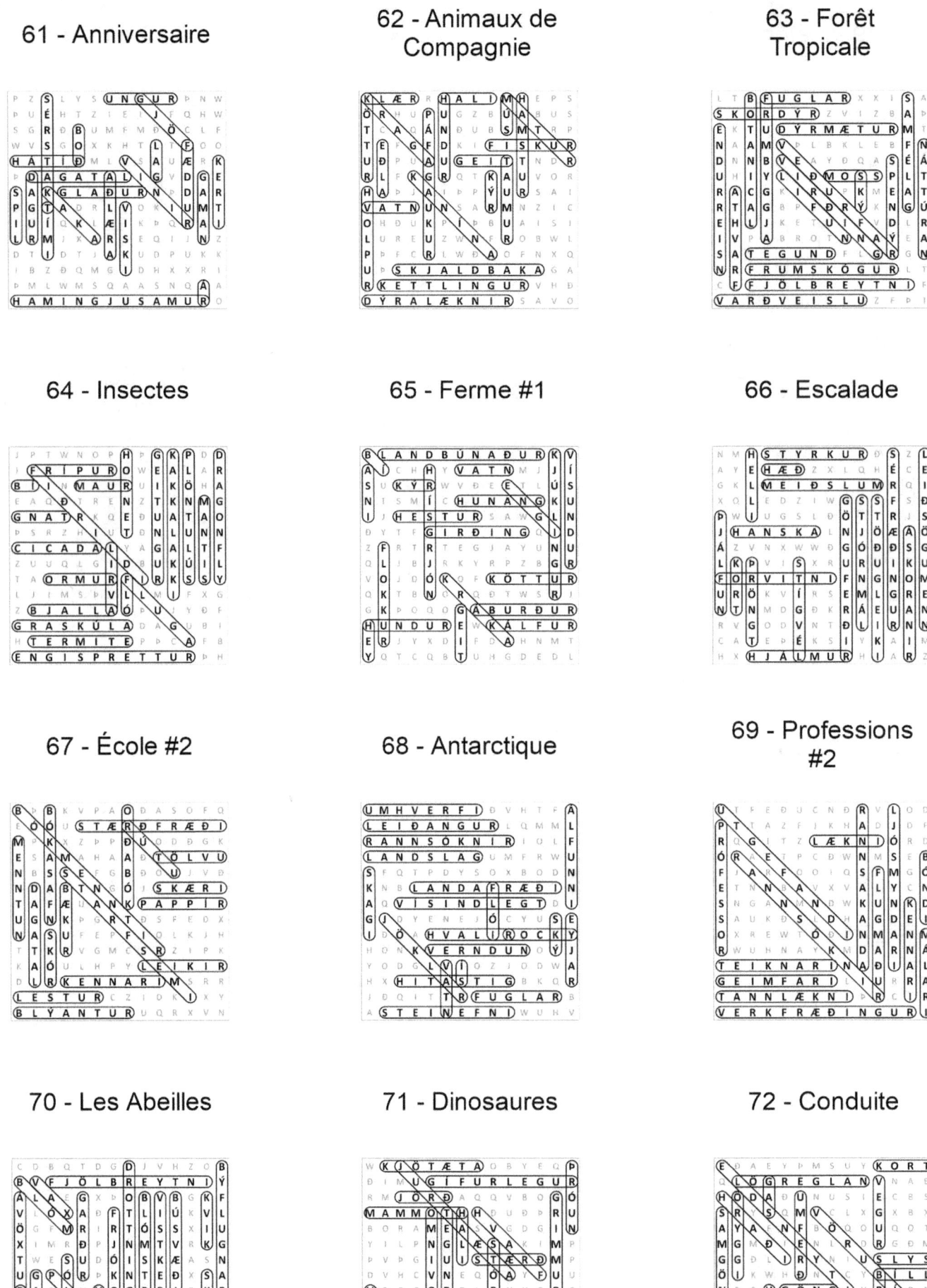

73 - Plantes

74 - Ferme #2

75 - École #1

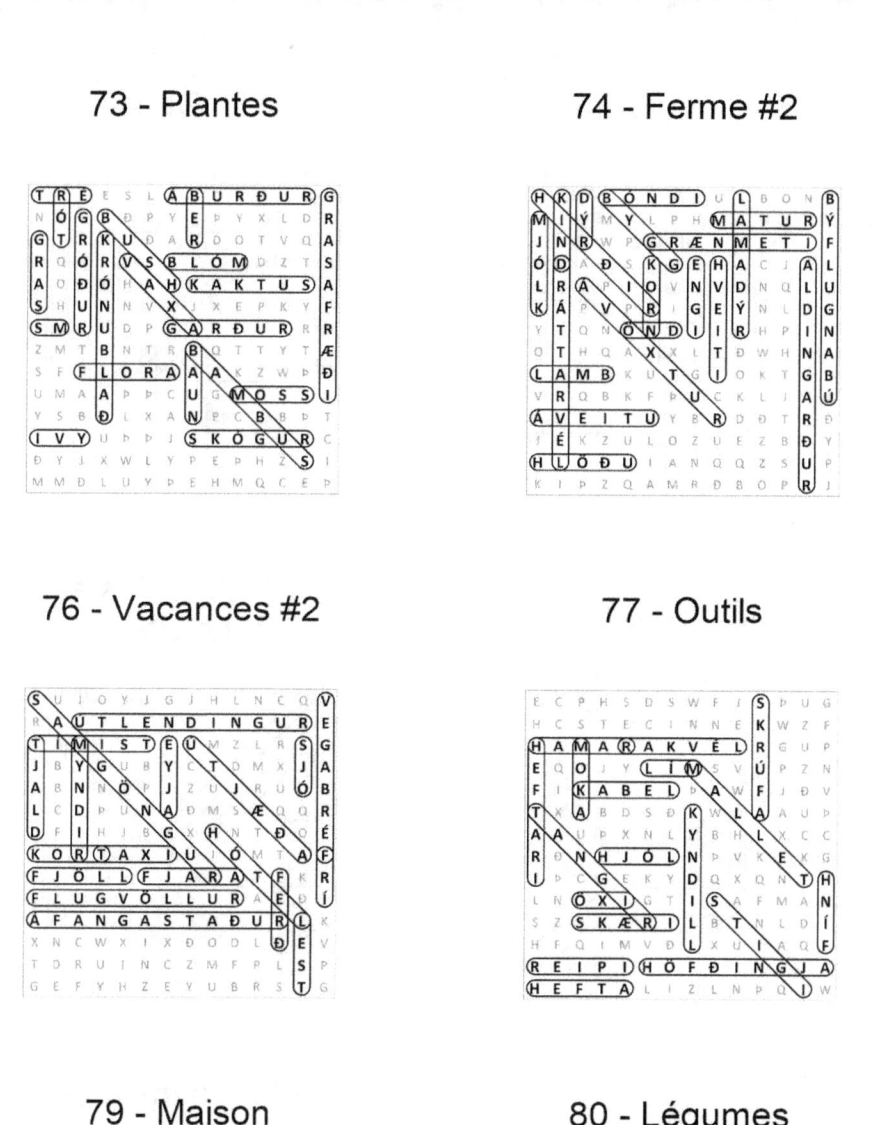

76 - Vacances #2

77 - Outils

78 - Temps

79 - Maison

80 - Légumes

81 - Plage

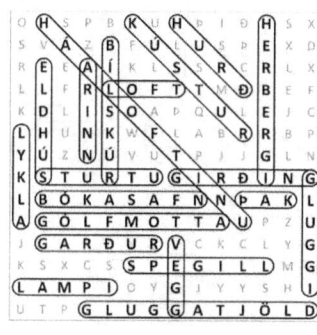

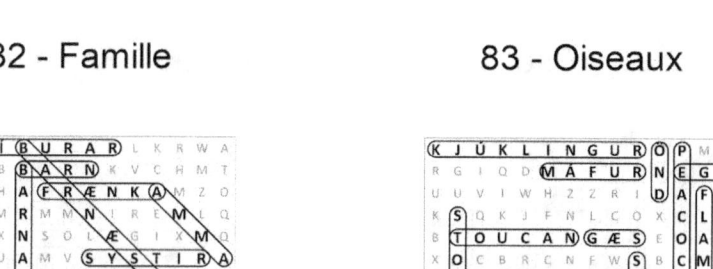

82 - Famille

83 - Oiseaux

84 - Disciplines Scientifiques

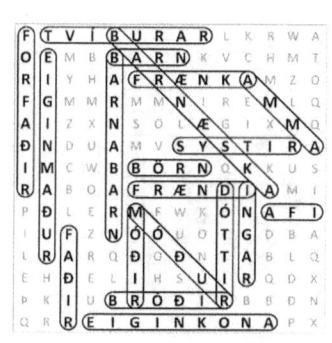

85 - Émotions

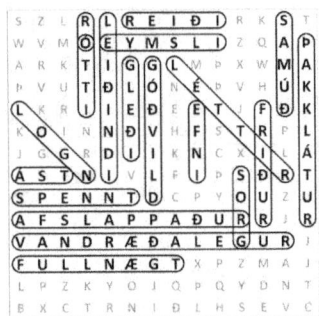

86 - Géographie

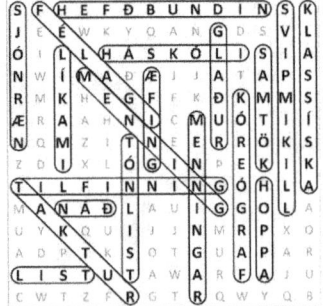

87 - Danse

88 - Bâtiments

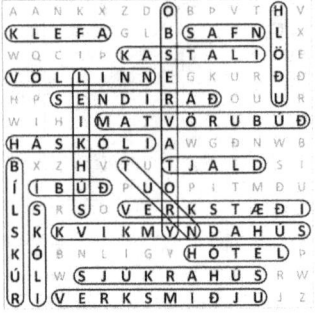

89 - Pêche

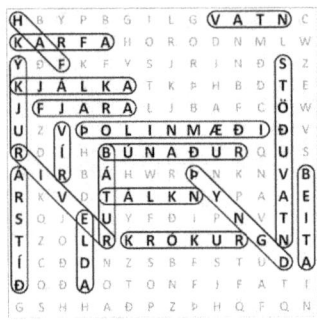

90 - Activités et Loisirs

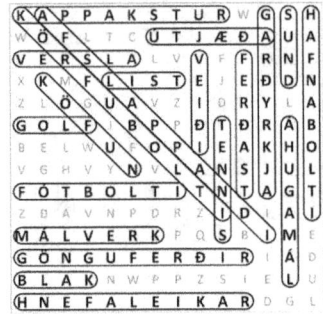

91 - Livres

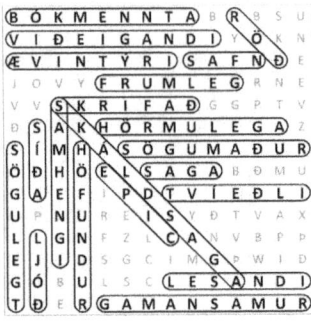

92 - Pays #2

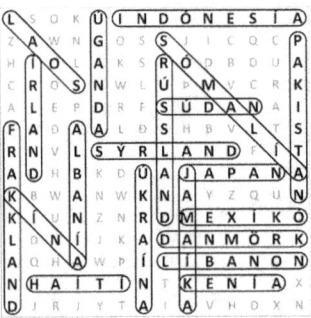

93 - Fournitures d'Art

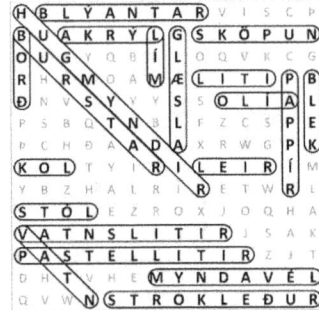

94 - Jouets

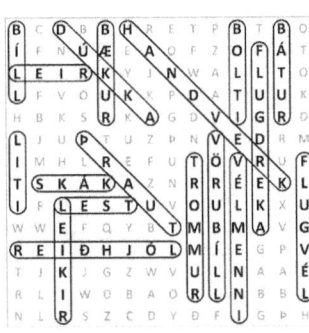

95 - Eau

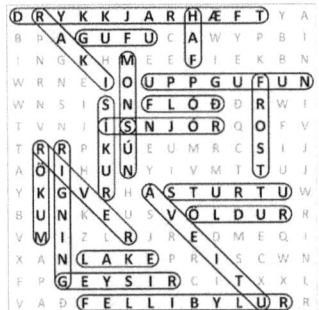

96 - Paysages

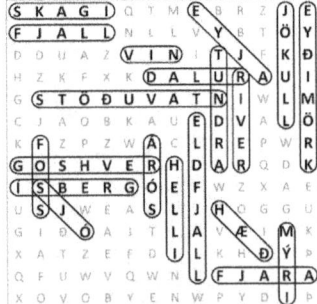

97 - Nombres

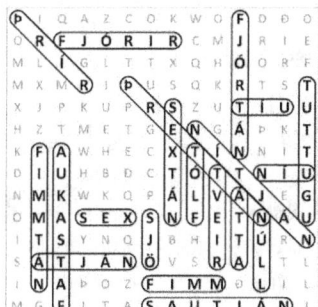

98 - Nature

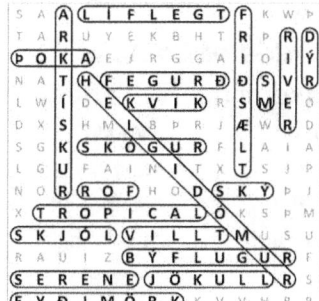

99 - Bateaux

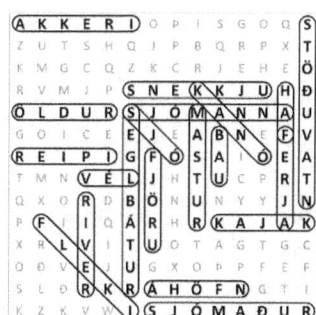

100 - Mesures

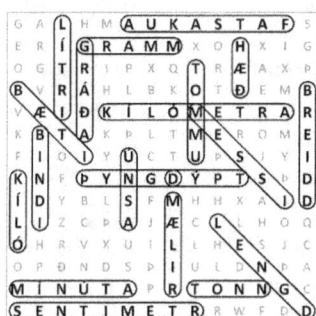

Dictionnaire

Activités
Starfsemi

Activité	Virkni
Art	List
Artisanat	Handverk
Camping	Útjæða
Céramique	Keramik
Chasse	Veiða
Compétence	Hæfni
Couture	Sauma
Intérêts	Áhugamál
Jardinage	Garðyrkja
Jeux	Leikir
Lecture	Lestur
Loisir	Tímist
Magie	Galdur
Peinture	Málverk
Pêche	Veiði
Photographie	Ljósmyndun
Plaisir	Ánægja
Randonnée	Gönguferðir
Relaxation	Slökun

Activités et Loisirs
Starfsemi og Tómstundir

Achats	Versla
Art	List
Base-Ball	Hafnabolti
Basket-Ball	Körfubolti
Boxe	Hnefaleikar
Camping	Útjæða
Course	Kappakstur
Football	Fótbolti
Golf	Golf
Jardinage	Garðyrkja
Nager	Sund
Passe-Temps	Áhugamál
Peinture	Málverk
Pêche	Veiði
Plongée	Köfun
Randonnée	Gönguferðir
Relaxant	Afslappandi
Tennis	Tennis
Volley-Ball	Blak
Voyage	Ferðast

Adjectifs #1
Lýsingarorð #1

Absolu	Alger
Actif	Virkur
Ambitieux	Metnaðarlegt
Aromatique	Ilmandi
Artistique	Listrænn
Attractif	Aðlaðandi
Beau	Falleg
Exotique	Framandi
Énorme	Gríðarstór
Généreux	Örlátur
Honnête	Heiðarlegur
Identique	Sömu
Important	Mikilvægt
Innocent	Saklaus
Jeune	Ungur
Lent	Hægt
Lourd	Þungt
Mince	Þunnur
Moderne	Nútíma
Parfait	Fullkominn

Adjectifs #2
Lýsingarorð #2

Authentique	Ekta
Célèbre	Frægur
Créatif	Skapandi
Descriptif	Lýsandi
Dramatique	Dramatísk
Élégant	Glæsilegur
Fier	Stoltur
Fort	Sterkur
Intéressant	Áhugavert
Naturel	Náttúrulegt
Nouveau	Nýtt
Productif	Afkastamikill
Puissant	Öflugur
Pur	Hreint
Responsable	Ábyrgur
Sain	Heilbrigður
Salé	Saltur
Sauvage	Villt
Sec	Þurr
Somnolent	Syfjaður

Animaux de Compagnie
Gæludýr

Chat	Köttur
Chaton	Kettlingur
Chèvre	Geit
Chien	Hundur
Chiot	Hvolpur
Collier	Kraga
Eau	Vatn
Griffes	Klær
Hamster	Hamstur
Laisse	Taumur
Lapin	Kanína
Lézard	Eðla
Nourriture	Matur
Perroquet	Páfagaukur
Poisson	Fiskur
Queue	Hali
Souris	Mús
Tortue	Skjaldbaka
Vache	Kýr
Vétérinaire	Dýralæknir

Anniversaire
Afmælisdagur

Amis	Vinir
Amusement	Gaman
Année	Ár
Apprendre	Að Læra
Bougies	Kerti
Cadeau	Gjöf
Calendrier	Dagatal
Cartes	Spil
Chanson	Lag
Fête	Hátíð
Gâteau	Kaka
Heureux	Hamingjusamur
Invitations	Boð
Jeune	Ungur
Jour	Dagur
Joyeux	Glaður
Né	Fæddur
Sagesse	Viski
Spécial	Sérstakt
Temps	Tími

Antarctique
Suðurskautslandið

Baie	Flói
Baleines	Hvalir
Chercheur	Rannsóknir
Conservation	Verndun
Continent	Álfunni
Eau	Vatn
Environnement	Umhverfi
Expédition	Leiðangur
Géographie	Landafræði
Glace	Ís
Glaciers	Jöklar
Îles	Eyjar
Minéraux	Steinefni
Nuage	Ský
Oiseaux	Fuglar
Péninsule	Skagi
Rocheux	Rocky
Scientifique	Vísindlegt
Température	Hitastig
Topographie	Landslag

Art
List

Céramique	Keramik
Complexe	Flókið
Composition	Samsetning
Dépeindre	Lýsa
Expression	Segð
Figure	Mynd
Honnête	Heiðarlegur
Humeur	Skap
Inspiré	Innblástur
Original	Originlegt
Peintures	Málverk
Personnel	Persónulegt
Poésie	Ljóð
Sculpture	Höggmynd
Simple	Einfalt
Sujet	Efni
Surréalisme	Súrrealismi
Symbole	Tákn
Visuel	Sjónræn

Arts Visuels
Myndlist

Architecture	Arkitektúr
Argile	Leir
Artiste	Listamaður
Céramique	Keramik
Charbon	Kol
Chef-D'Œuvre	Meistaraverk
Chevalet	Glæsla
Cire	Vax
Composition	Samsetningu
Craie	Krít
Crayon	Blýantur
Créativité	Skráningu
Film	Kvikmynd
Peinture	Málverk
Perspective	Sjónarhorni
Pochoir	L
Portrait	Portret
Sculpture	Höggmynd
Stylo	Penni
Vernis	Lakk

Astronomie
Stjörnufræði

Astéroïde	Smástirni
Astronaute	Geimfari
Ciel	Himinn
Constellation	Stjörnumerki
Cosmos	Cosmos
Éclipse	Myrkvi
Équinoxe	Equinox
Fusée	Eldflaug
Galaxie	Galaxy
Lune	Tungl
Météore	Loftstein
Nébuleuse	Þokka
Observatoire	Observatory
Planète	Reikistjarna
Radiation	Geislun
Satellite	Gervitungl
Solaire	Sól
Terre	Jörð
Télescope	Sjónauki
Univers	Alheimur

Aventure
Ævintýri

Activité	Virkni
Beauté	Fegurð
Bravoure	Hugrekki
Chance	Líkur
Dangereux	Hættulegt
Destination	Áfangastaður
Difficulté	Vandi
Enthousiasme	Eldmóð
Excursion	Skoðunarferð
Inhabituel	Óvenjulegt
Itinéraire	Ferðaáætlun
Joie	Gleði
Nature	Náttúran
Navigation	Siglingar
Nouveau	Nýtt
Opportunité	Tækifæri
Préparation	Undirbúningur
Sécurité	Öryggi
Surprenant	Á Óvart
Voyages	Ferðast

Avions
Flugvélar

Air	Loft
Atmosphère	Stjórnmál
Atterrissage	Lending
Aventure	Ævintýri
Ballon	Blöðru
Carburant	Eldsneyti
Ciel	Himinn
Construction	Smíði
Descente	Uppruna
Direction	Stefnu
Équipage	Áhöfn
Gonfler	Blása
Hauteur	Hæð
Hélices	Skrúfur
Histoire	Saga
Hydrogène	Vetni
Moteur	Vél
Passager	Farþegi
Pilote	Flugmaður
Turbulence	Ókyrrð

Ballet
Ballett

Applaudissement	Lófaklapp
Artistique	Listrænn
Ballerine	Ballerína
Chorégraphie	Kóreógraf
Compétence	Hæfni
Compositeur	Tónskáld
Danseurs	Dansarar
Expressif	Svipmikill
Geste	Látbragð
Gracieux	Tignarlegt
Intensité	Styrkleiki
Muscles	Vöðva
Musique	Tónlist
Orchestre	Hljómsveit
Public	Áhorfendur
Répétition	Æfing
Rythme	Taktur
Solo	Sóló
Style	Stíl
Technique	Tækni

Barbecues
Grillveislur

Chaud	Heitt
Couteaux	Hnífa
Déjeuner	Hádegisverður
Dîner	Kvöldmatur
Enfants	Börn
Été	Sumar
Faim	Hungur
Famille	Fjölskylda
Fruit	Ávöxtur
Gril	Grill
Jeux	Leikir
Légumes	Grænmeti
Musique	Tónlist
Oignons	Lauk
Poivre	Pipar
Poulet	Kjúklingur
Salades	Salöt
Sauce	Sósa
Sel	Salt
Tomates	Tómatar

Bateaux
Bátar

Ancre	Akkeri
Bouée	Bau
Canoë	Kanó
Corde	Reipi
Équipage	Áhöfn
Ferry	Ferja
Fleuve	River
Kayak	Kajak
Lac	Stöðuvatn
Marée	Fjöru
Marin	Sjómaður
Mât	Mastur
Mer	Sjó
Moteur	Vél
Nautique	Sjómanna
Océan	Haf
Radeau	Fleki
Vagues	Öldur
Voilier	Seglbátur
Yacht	Snekkju

Bâtiments
Byggingar

Ambassade	Sendiráð
Appartement	Íbúð
Atelier	Verkstæði
Cabine	Klefa
Château	Kastali
Cinéma	Kvikmyndahús
École	Skóli
Garage	Bílskúr
Grange	Hlöðu
Hôpital	Sjúkrahús
Hôtel	Hótel
Musée	Safn
Observatoire	Observatory
Stade	Völlinn
Supermarché	Matvörubúð
Tente	Tjald
Théâtre	Leikhús
Tour	Turn
Université	Háskóli
Usine	Verksmiðju

Camping
Tjaldstæði

Animaux	Dýr
Aventure	Ævintýri
Boussole	Áttavita
Cabine	Klefa
Canoë	Kanó
Carte	Kort
Chapeau	Hattur
Chasse	Veiða
Corde	Reipi
Équipement	Búnaður
Feu	Eldur
Forêt	Skógur
Hamac	Hengirúm
Insecte	Skordýr
Lac	Stöðuvatn
Lanterne	Lukt
Lune	Tungl
Montagne	Fjall
Nature	Náttúran
Tente	Tjald

Championnat
Meistaramót

Champion	Meistari
Championnat	Úrslita
Endurance	Þrek
Entraîneur	Þjálfari
Équipe	Lið
Finaliste	Úrslit
Jeux	Leikir
Juge	Dómari
Ligue	Deild
Médaille	Medalía
Motivation	Hvatning
Performance	Frammistaða
Sports	Íþróttir
Stratégie	Stefnu
Tournoi	Mót
Transpiration	Sviti
Victoire	Sigur

Chats
Kettir

Affectueux	Ástúðlegur
Chasseur	Veiðimaður
Curieux	Forvitinn
Dormir	Sofa
Drôle	Fyndið
Espiègle	Fjörugur
Fil	Garn
Fou	Brjálaður
Fourrure	Feldur
Griffe	Kló
Indépendant	Óháður
Patte	Klóm
Personnalité	Persónuleiki
Queue	Hali
Rapide	Hratt
Sauvage	Villt
Souris	Mús
Timide	Feimin

Châteaux
Kastalar

Armure	Brynja
Bouclier	Skjöldur
Catapulte	Catapult
Cheval	Hestur
Chevalier	Riddari
Couronne	Kóróna
Dragon	Dreki
Dynastie	Dynasty
Empire	Heimsve
Épée	Sverð
Féodal	Feudal
Forteresse	Vígi
Licorne	Unicorn
Mur	Vegg
Noble	Göfugt
Palais	Höll
Prince	Prins
Princesse	Prinsessa
Royaume	Ríki
Tour	Turn

Chocolat
Súkkulaði

Amer	Bitur
Antioxydant	Andoxunarefni
Arôme	Ilmur
Artisanal	Handverk
Bonbon	Nammi
Cacahuètes	Hnetum
Cacao	Kakó
Calories	Hitaeiningar
Caramel	Karamella
Délicieux	Ljúffengur
Doux	Sætur
Exotique	Framandi
Favori	Uppáhalds
Goût	Bragð
Ingrédient	Efni
Noix de Coco	Kókoshneta
Poudre	Duft
Qualité	Gæði
Recette	Uppskrift
Sucre	Sykur

Cirque
Sirkus

Acrobate	Acrobat
Animaux	Dýr
Ballons	Blöðrur
Billet	Miði
Bonbon	Nammi
Clown	Trúður
Costume	Búningur
Divertir	Skemmta
Éléphant	Fíl
Jongleur	Júgler
Lion	Ljón
Magicien	Töframaður
Magie	Galdur
Montrer	Sýna
Musique	Tónlist
Parade	Skrúðganga
Singe	Api
Spectateur	Áhorfandi
Tente	Tjald
Tigre	Tiger

Comédie
Gamanleikur

Acteur	Leikari
Actrice	Leikkona
Amusement	Gaman
Applaudissement	Lófaklapp
Blagues	Brandara
Clowns	Trúða
Drôle	Fyndið
Expressif	Svipmikill
Genre	Tegund
Humour	Húmor
Improvisation	Spuni
Intelligent	Snjall
Parodie	Skopstæling
Public	Áhorfendur
Rire	Hlátur
Télévision	Sjónvarp
Théâtre	Leikhús

Conduite
Akstur

Accident	Slys
Camion	Vörubíll
Carburant	Eldsneyti
Carte	Kort
Danger	Hætta
Freins	Bremsur
Garage	Bílskúr
Gaz	Gas
Licence	Leyfi
Moteur	Mótor
Moto	Mótorhjól
Piéton	Gangandi
Police	Lögreglan
Route	Vegur
Sécurité	Öryggi
Trafic	Umferð
Transport	Samgöngur
Tunnel	Göng
Vitesse	Hraði
Voiture	Bíll

Conservation
Náttúruvernd

Bénévole	Sjálfboðaliði
Changements	Breytingar
Climat	Veðurfar
Cycle	Hringrás
Durable	Sjálfbær
Eau	Vatn
Environnemental	Umhverfis
Écosystème	Vistkerfi
Éducation	Menntun
Habitat	Búsvæði
Naturel	Náttúrulegt
Organique	Lífrænt
Pesticide	Varneiri
Pollution	Mengun
Recycler	Endurvinna
Réduire	Minnka
Santé	Heilsa
Vert	Grænt

Corps Humain
Mannslíkaminn

Bouche	Munnur
Cerveau	Heili
Cheville	Ökkla
Cou	Háls
Coude	Olnboga
Cœur	Hjarta
Doigt	Fingur
Estomac	Magi
Épaule	Öxl
Genou	Hné
Lèvres	Varir
Main	Hönd
Mâchoire	Kjálka
Menton	Höku
Nez	Nef
Oreille	Eyra
Peau	Húð
Sang	Blóð
Tête	Höfuð
Visage	Andlit

Couleurs
Litir

Azur	Aftur
Beige	Beige
Blanc	Hvítur
Bleu	Blár
Cyan	Blágrænn
Fuchsia	Fuchsia
Gris	Grár
Indigo	Indigo
Jaune	Gulur
Magenta	Magenta
Marron	Brúnt
Noir	Svart
Orange	Appelsína
Rose	Bleikur
Rouge	Rauður
Sépia	Sepia
Vert	Grænt
Violet	Fjólublár

Cuisine
Eldhús

Baguettes	Pinnar
Bol	Skál
Bouilloire	Ketill
Congélateur	Frysti
Couteaux	Hnífa
Cruche	Könnu
Cuillères	Skeiðar
Épices	Krydd
Éponge	Svampur
Four	Ofn
Fourchettes	Forks
Gril	Grill
Louche	Ausa
Nourriture	Matur
Pot	Krukku
Recette	Uppskrift
Réfrigérateur	Ísskápur
Serviette	Servíetta
Tablier	Svuntu
Tasses	Bolla

Danse
Dansa

Académie	Háskóli
Art	List
Chorégraphie	Kóreógraf
Classique	Klassíska
Corps	Líkami
Culture	Menning
Culturel	Menningar
Expressif	Svipmikill
Émotion	Tilfinning
Grâce	Náð
Joyeux	Glaður
Mouvement	Samtök
Musique	Tónlist
Partenaire	Félagi
Répétition	Æfing
Rythme	Taktur
Saut	Hoppa
Traditionnel	Hefðbundin
Visuel	Sjónræn

Dinosaures
Risaeðlur

Ailes	Vængi
Carnivore	Kjötæta
Disparition	Hvarf
Espèce	Tegund
Énorme	Gífurlegur
Évolution	Þróun
Grand	Stór
Herbivore	Jurtaæta
Mammouth	Mammoth
Omnivore	Omnivore
Préhistorique	Forsögulegum
Proie	Bráð
Puissant	Öflugur
Queue	Hali
Reptile	Skriðdýr
Taille	Stærð
Terre	Jörð
Vicieux	Grimmur

Disciplines Scientifiques
Vísindalegum Greinum

Anatomie	Líffærafræði
Astronomie	Stjörnufræði
Biochimie	Lífefnafræði
Biologie	Líffræði
Botanique	Grasafræði
Chimie	Efnafræði
Écologie	Vistfræði
Géologie	Jarðfræði
Immunologie	Ónæmisfræði
Linguistique	Málvísindi
Mécanique	Vélfræði
Météorologie	Veðurfræði
Minéralogie	Steindafræði
Neurologie	Taugafræði
Physiologie	Lífeðlisfræði
Psychologie	Sálfræði
Robotique	Vélmenni
Sociologie	Félagsfræði
Thermodynamique	Varmafræði
Zoologie	Dýrafræði

Eau
Vatni

Canal	Síkur
Douche	Sturtu
Évaporation	Uppgufun
Fleuve	River
Gel	Frost
Geyser	Geysir
Glace	Ís
Humide	Rökum
Humidité	Raki
Inondation	Flóð
Irrigation	Áveitu
Lac	Lake
Mousson	Monsún
Neige	Snjór
Océan	Haf
Ouragan	Fellibylur
Pluie	Rigning
Potable	Drykkjarhæft
Vagues	Öldur
Vapeur	Gufu

Escalade
Klifur

Altitude	Hæð
Atmosphère	Stjórnmál
Blessure	Meiðslum
Bottes	Stígvél
Carte	Kort
Casque	Hjálmur
Curiosité	Forvitni
Défis	Áskoranir
Expert	Sérfræðingur
Étroit	Þröngt
Force	Styrkur
Formation	Þjálfun
Gants	Hanska
Grotte	Helli
Guides	Leiðsögumenn
Physique	Líkamlegt
Randonnée	Gönguferðir
Stabilité	Stöðugleiki
Terrain	Landslagi

Exploration
Könnun

Activité	Virkni
Animaux	Dýr
Apprendre	Að Læra
Courage	Hugrekki
Cultures	Menningu
Découverte	Uppgötvun
Détermination	Ákvörðun
Espace	Rúm
Excitation	Spennan
Épuisement	Mæði
Inconnu	Óþekkt
Langue	Tungumál
Lointain	Fjarlæg
Nouveau	Nýtt
Périlleux	Hættulegur
Quête	Leit
Sauvage	Villt
Terrain	Landslagi
Voyage	Ferðast

Échecs
Skák

Adversaire	Mótmælandi
Apprendre	Að Læra
Blanc	Hvítur
Champion	Meistari
Concours	Keppni
Défis	Áskoranir
Diagonal	Ská
Intelligent	Snjall
Jeu	Leikur
Joueur	Leikmaður
Noir	Svart
Passif	Aðgerðalaus
Points	Stig
Reine	Drottning
Règles	Reglur
Roi	Konungur
Sacrifice	Fórn
Stratégie	Stefnu
Temps	Tími
Tournoi	Mót

École #1
Skólanum #1

Alphabet	Stafrófið
Amis	Vinir
Amusement	Gaman
Apprendre	Að Læra
Bibliothèque	Bókasafn
Bureau	Skrifborð
Chaise	Stól
Crayon	Blýantur
Des Stylos	Penna
Déjeuner	Hádegisverður
Dossiers	Möppur
Enseignant	Kennari
Examens	Próf
Livres	Bækur
Marqueurs	Merkjum
Math	Stærðfræði
Nombres	Tölur
Papier	Pappír
Réponses	Svör
Salle de Classe	Skólastofa

École #2
Skólanum #2

Activités	Starfsemi
Bibliothèque	Bókasafn
Bus	Rútu
Calendrier	Dagatal
Chaussures	Skór
Ciseaux	Skæri
Crayon	Blýantur
Devoirs	Heimavinna
Dictionnaire	Orðabók
Enseignant	Kennari
Éducation	Menntun
Grammaire	Málfræði
Jeux	Leikir
Lecture	Lestur
Littérature	Bókmenntir
Livres	Bækur
Math	Stærðfræði
Ordinateur	Tölvu
Papier	Pappír
Science	Vísindi

Écologie
Vistfræði

Climat	Veðurfar
Communautés	Samfélög
Diversité	Fjölbreytni
Durable	Sjálfbær
Espèce	Tegund
Faune	Dýralíf
Flore	Flora
Global	Alþjóðlegt
Habitat	Búsvæði
Marais	Marsh
Marin	Sjávar
Montagnes	Fjöll
Nature	Náttúran
Naturel	Náttúrulegt
Plantes	Plöntur
Ressources	Auðlindir
Sécheresse	Þurrkar
Survie	Lifun
Végétation	Gróður

Émotions
Tilfinningar

Amour	Ást
Calme	Logn
Colère	Reiði
Contenu	Efni
Détendu	Afslappaður
Embarrassé	Vandræðalegur
Ennui	Leiðindi
Excité	Spennt
Gentillesse	Góðvild
Joie	Gleði
Paix	Friður
Peur	Ótti
Reconnaissant	Þakklátur
Relief	Léttir
Satisfait	Fullnægt
Sympathie	Samúð
Tendresse	Eymsli
Tranquillité	Ró
Tristesse	Sorg

Épices
Krydd

Aigre	Súr
Ail	Hvítlaukur
Amer	Bitur
Anis	Anís
Cannelle	Kanil
Cardamome	Kardemommu
Coriandre	Kóríander
Cumin	Kúmen
Curry	Karrý
Fenouil	Fennel
Gingembre	Engifer
Muscade	Múskat
Oignon	Laukur
Paprika	Paprika
Poivre	Pipar
Réglisse	Lakkrís
Safran	Saffran
Saveur	Bragð
Sel	Salt
Vanille	Vanillu

Été
Sumar

Amis	Vinir
Camping	Útjæða
Étoiles	Stjörnur
Famille	Fjölskylda
Jardin	Garður
Jeux	Leikir
Joie	Gleði
Livres	Bækur
Loisir	Tímist
Mer	Sjó
Musique	Tónlist
Nager	Að Synda
Nourriture	Matur
Plage	Fjara
Plongée	Köfun
Relaxation	Slökun
Sandales	Skó
Vacances	Frí
Voyage	Ferðast

Famille
Fjölskylda

Ancêtre	Forfaðir
Enfance	Barnæska
Enfant	Barn
Enfants	Börn
Femme	Eiginkona
Fille	Dóttir
Frère	Bróðir
Grand-Mère	Amma
Grand-Père	Afi
Jumeaux	Tvíburar
Mari	Eiginmaður
Maternel	Móður
Mère	Móðir
Neveu	Frændi
Oncle	Frændi
Paternel	Ingar
Petit-Enfant	Barnabarn
Père	Faðir
Soeur	Systir
Tante	Frænka

Ferme #1
Bær #1

Abeille	Bí
Agriculture	Landbúnaður
Âne	Asni
Bison	Vísundur
Champ	Engi
Chat	Köttur
Cheval	Hestur
Chèvre	Geit
Chien	Hundur
Clôture	Girðing
Corbeau	Kráka
Eau	Vatn
Engrais	Áburður
Foin	Hey
Miel	Hunang
Poulet	Kjúklingur
Riz	Hrísgrjón
Troupeau	Flokkur
Vache	Kýr
Veau	Kálfur

Ferme #2
Bær #2

Agneau	Lamb
Agriculteur	Bóndi
Animaux	Dýr
Berger	Hirðir
Blé	Hveiti
Canard	Önd
Fruit	Ávöxtur
Grange	Hlöðu
Irrigation	Áveitu
Lait	Mjólk
Lama	Lamadýr
Légume	Grænmeti
Maïs	Korn
Mouton	Kind
Nourriture	Matur
Orge	Bygg
Pré	Engi
Ruche	Býflugnabú
Tracteur	Dráttarvél
Verger	Aldingarður

Fleurs
Blóm

Bouquet	Vönd
Gardénia	Toga
Hibiscus	Hibiscus
Jasmin	Jasmine
Lavande	Lofnarblóm
Lilas	Líla
Lys	Lily
Magnolia	Magnolia
Marguerite	Daisy
Orchidée	Orchid
Passiflore	Ástríðublóm
Pavot	Poppy
Pétale	Krónublað
Pissenlit	Fífill
Pivoine	Peony
Plumeria	Plumeria
Rose	Rós
Tournesol	Sólblóm
Trèfle	Smári
Tulipe	Túlipan

Forêt Tropicale
Regnskógur

Amphibiens	Froskdýr
Botanique	Botanical
Climat	Veðurfar
Communauté	Samfélag
Diversité	Fjölbreytni
Espèce	Tegund
Indigène	Frumbyggja
Insectes	Skordýr
Jungle	Frumskógur
Mammifères	Spendýr
Mousse	Moss
Nature	Náttúran
Nuage	Ský
Oiseaux	Fuglar
Précieux	Dýrmætur
Préservation	Varðveislu
Refuge	Athvarf
Respect	Virðing
Restauration	Endurreisn
Survie	Lifun

Formes
Form

Arc	Arc
Bords	Brúnir
Carré	Ferningur
Cercle	Hring
Coin	Horn
Courbe	Ferill
Cône	Keila
Côté	Hlið
Cube	Teningur
Cylindre	Strokka
Ellipse	Sporbaug
Hyperbole	Hyperbola
Ligne	Lína
Ovale	Sporöskjulaga
Polygone	Marghyrning
Prisme	Prism
Pyramide	Pýramída
Rectangle	Rétthyrningur
Sphère	Kúla
Triangle	Þríhyrningur

Fournitures d'Art
List Vistir

Acrylique	Akrýl
Aquarelles	Vatnslitir
Argile	Leir
Brosses	Burstar
Caméra	Myndavél
Chaise	Stól
Charbon	Kol
Chevalet	Glæsla
Colle	Lím
Couleurs	Liti
Crayons	Blýantar
Créativité	Sköpun
Eau	Vatn
Encre	Blek
Gomme	Strokleður
Huile	Olía
Idées	Hugmyndir
Papier	Pappír
Pastels	Pastellitir
Table	Borð

Fruit
Ávextir

Abricot	Aprikósa
Ananas	Ananas
Avocat	Avókadó
Baie	Ber
Banane	Banani
Cerise	Kirsuber
Citron	Sítrónu
Figue	Mynd
Framboise	Hindberjum
Goyave	Guava
Kiwi	Kíví
Mangue	Mangó
Melon	Melóna
Nectarine	Nectarine
Orange	Appelsína
Papaye	Papaya
Pêche	Ferskja
Poire	Pera
Pomme	Epli
Raisin	Vínber

Géographie
Landafræði

Altitude	Hæð
Atlas	Atlas
Carte	Kort
Continent	Álfunni
Fleuve	River
Hémisphère	Jarðar
Île	Eyja
Latitude	Breidd
Mer	Sjó
Méridien	Meridian
Monde	Heimur
Montagne	Fjall
Nord	Norður
Océan	Haf
Ouest	Vestur
Pays	Land
Région	Svæði
Sud	Suður
Territoire	Yfirráðasvæði
Ville	Borg

Géologie
Jarðfræði

Acide	Sýra
Calcium	Kalsíum
Caverne	Helli
Continent	Álfunni
Corail	Kórall
Couche	Lag
Cristaux	Kristallar
Cycles	Hringrás
Érosion	Rof
Geyser	Goshver
Lave	Hraun
Minéraux	Steinefni
Pierre	Steinn
Plateau	Hálendi
Quartz	Kvars
Sel	Salt
Stalactite	Stalactite
Stalagmites	Stalagmites
Volcan	Eldfjall
Zone	Svæði

Herboristerie
Grasalækningar

Ail	Hvítlaukur
Aromatique	Ilmandi
Basilic	Basil
Bénéfique	Gagnleg
Culinaire	Matreiðslu
Estragon	Estragon
Fenouil	Fennel
Fleur	Blóm
Ingrédient	Efni
Jardin	Garður
Lavande	Lofnarblóm
Marjolaine	Marjoram
Menthe	Myntu
Persil	Steinselja
Qualité	Gæði
Romarin	Rósmarín
Safran	Saffran
Saveur	Bragð
Thym	Timjan
Vert	Grænt

Insectes
Skordýr

Abeille	Bí
Cafard	Kakkalakki
Cigale	Cicada
Coccinelle	Frípur
Criquet	Engisprettur
Fourmi	Maur
Frelon	Hornet
Guêpe	Geitungur
Larve	Lirva
Libellule	Dragonfly
Mante	Mantis
Moucheron	Gnat
Moustique	Fluga
Papillon	Fiðrildi
Puce	Fló
Puceron	Plöntulús
Sauterelle	Graskúla
Scarabée	Bjalla
Termite	Termite
Ver	Ormur

Instruments de Musique
Hljóðfæri

Banjo	Banjó
Basson	Fagott
Clarinette	Klarinett
Flûte	Flautu
Gong	Gong
Guitare	Gítar
Harmonica	Munnhörpu
Harpe	Harpa
Hautbois	Óbó
Mandoline	Mandólín
Marimba	Marimba
Percussion	Slagverk
Piano	Píanó
Saxophone	Saxófón
Tambour	Tromma
Tambourin	Bumbur
Trombone	Básúna
Trompette	Trompet
Violon	Fiðlu
Violoncelle	Selló

Jardin
Garðinum

Arbre	Tré
Banc	Bekkur
Buisson	Bush
Clôture	Girðing
Étang	Tjörn
Fleur	Blóm
Garage	Bílskúr
Hamac	Hengirúm
Herbe	Gras
Jardin	Garður
Mauvaises Herbes	Illgresi
Pelle	Moka
Pelouse	Grasflöt
Râteau	Hrífa
Sol	Jarðvegur
Terrasse	Verönd
Trampoline	Trampólín
Tuyau	Slönguna
Verger	Aldingarður
Vigne	Vínviður

Jouets
Leikföng

Argile	Leir
Artisanat	Handverk
Avion	Flugvél
Balle	Bolti
Bateau	Bátur
Camion	Vörubíll
Cerf-Volant	Flugdreka
Crayons	Liti
Échecs	Skák
Favori	Uppáhalds
Imagination	Ímyndunarafl
Jeux	Leikir
Livres	Bækur
Poupée	Dúkka
Puzzle	Þraut
Robot	Vélmenni
Tambours	Trommur
Train	Lest
Vélo	Reiðhjól
Voiture	Bíll

Jours et Mois
Dagar og Mánuðir

Août	Ágúst
Avril	Apríl
Calendrier	Dagatal
Dimanche	Sunnudagur
Février	Febrúar
Janvier	Janúar
Jeudi	Fimmtudagur
Juillet	Júlí
Juin	Júní
Lundi	Mánudagur
Mardi	Þriðjudagur
Mars	Mars
Mercredi	Miðvikudagur
Mois	Mánuður
Novembre	Nóvember
Octobre	Október
Samedi	Laugardagur
Semaine	Vika
Septembre	September
Vendredi	Föstudagur

Les Abeilles
Býflugur

Ailes	Vængi
Bénéfique	Gagnleg
Cire	Vax
Diversité	Fjölbreytni
Essaim	Kvik
Écosystème	Vistkerfi
Fleur	Blómstra
Fleurs	Blóm
Fruit	Ávöxtur
Fumée	Reykur
Habitat	Búsvæði
Insecte	Skordýr
Jardin	Garður
Miel	Hunang
Nourriture	Matur
Plantes	Plöntur
Pollen	Frjókorn
Reine	Drottning
Ruche	Býflugnabú
Soleil	Sól

Légumes
Grænmeti

Ail	Hvítlaukur
Artichaut	Artihoke
Aubergine	Eggaldin
Brocoli	Spergilkál
Carotte	Gulrót
Céleri	Sellerí
Champignon	Sveppir
Citrouille	Grasker
Concombre	Gúrku
Échalote	Skalottlaukur
Épinard	Spínat
Gingembre	Engifer
Navet	Næpa
Oignon	Laukur
Olive	Ólíf
Persil	Steinselja
Pois	Pea
Radis	Ræðja
Salade	Salat
Tomate	Tómat

Littérature
Bókmenntir

Analogie	Líkingar
Analyse	Greining
Anecdote	E.
Auteur	Höfundur
Biographie	Ævisaga
Comparaison	Samanburður
Conclusion	Niðurstaða
Description	Lýsing
Dialogue	Umræðu
Fiction	Skáldskapur
Métaphore	Myndlíking
Narrateur	Sögumaður
Poème	Ljóð
Poétique	Ljóðræn
Rime	Rím
Roman	Skáldsaga
Rythme	Taktur
Style	Stíl
Thème	Þema
Tragédie	Harmleikur

Livres
Bækur

Auteur	Höfundur
Aventure	Ævintýri
Collection	Safn
Contexte	Samhengi
Dualité	Tvíeðli
Écrit	Skrifað
Épique	Epic
Histoire	Saga
Historique	Sögulegt
Humoristique	Gamansamur
Inventif	Frumleg
Lecteur	Lesandi
Littéraire	Bókmennta
Narrateur	Sögumaður
Page	Síða
Pertinent	Viðeigandi
Poésie	Ljóð
Roman	Skáldsaga
Série	Röð
Tragique	Hörmulega

Maison
Húsið

Balai	Kústur
Bibliothèque	Bókasafn
Chambre	Herbergi
Cheminée	Arinn
Clés	Lykla
Clôture	Girðing
Cuisine	Eldhús
Douche	Sturtu
Fenêtre	Gluggi
Garage	Bílskúr
Grenier	Háaloftinu
Jardin	Garður
Lampe	Lampi
Miroir	Spegill
Mur	Vegg
Plafond	Loft
Porte	Hurð
Rideaux	Gluggatjöld
Tapis	Gólfmotta
Toit	Þak

Mammifères
Spendýr

Baleine	Hvalur
Chat	Köttur
Cheval	Hestur
Chien	Hundur
Coyote	Sléttuúlfur
Dauphin	Höfrungur
Éléphant	Fíl
Girafe	Gíraffi
Gorille	Górilla
Kangourou	Kengúra
Lapin	Kanína
Lion	Ljón
Loup	Úlfur
Mouton	Kind
Ours	Björn
Renard	Refur
Singe	Api
Taureau	Naut
Tigre	Tiger
Zèbre	Zebra

Mathématiques
Stærðfræði

Angles	Horn
Arithmétique	Tölur
Carré	Ferningur
Circonférence	Ummál
Décimal	Aukastaf
Diamètre	Þvermál
Exposant	Veldisvísir
Équation	Jafna
Fraction	Brot
Géométrie	Rúmfræði
Parallèle	Samhliða
Parallélogramme	Hjálíðalogram
Périmètre	Jaðar
Polygone	Marghyrning
Rayon	Radíus
Rectangle	Rétthyrningur
Somme	Summa
Symétrie	Samhverfu
Triangle	Þríhyrningur
Volume	Bindi

Mesures
Mælingar

Centimètre	Sentimetr
Degré	Gráða
Décimal	Aukastaf
Gramme	Gramm
Hauteur	Hæð
Kilogramme	Kíló
Kilomètre	Kílómetra
Largeur	Breidd
Litre	Lítri
Longueur	Lengd
Masse	Messi
Mètre	Mælir
Minute	Mínúta
Octet	Bæti
Once	Únsa
Poids	Þyngd
Pouce	Tommu
Profondeur	Dýpt
Tonne	Tonn
Volume	Bindi

Méditation
Hugleiðsla

Acceptation	Samþykki
Attention	Athygli
Calme	Logn
Clarté	Skýrleiki
Compassion	Samúð
Esprit	Huga
Émotions	Tilfinningar
Éveillé	Vakandi
Gentillesse	Góðvild
Gratitude	Þakklæti
Habitudes	Venja
Mental	Andlegt
Mouvement	Samtök
Musique	Tónlist
Nature	Náttúran
Observation	Athugun
Paix	Friður
Perspective	Sjónarhorni
Respiration	Öndun
Silence	Þögn

Météo
Veður

Arc-En-Ciel	Regnbogi
Atmosphère	Stjórnmál
Brise	Gola
Brouillard	Þóka
Calme	Róa
Ciel	Himinn
Climat	Veðurfar
Glace	Ís
Mousson	Monsún
Nuage	Ský
Ouragan	Fellibylur
Polaire	Polar
Sec	Þurrt
Sécheresse	Þurrkar
Température	Hitastig
Tempête	Stormur
Tonnerre	Þrumur
Tornade	Tornado
Tropical	Tropical
Vent	Vindur

Mythologie
Goðafræði

Archétype	Arketype
Catastrophe	Hörmung
Comportement	Hegðun
Création	Sköpun
Créature	Skepna
Croyances	Viðhorf
Culture	Menning
Éclair	Elding
Force	Styrkur
Guerrier	Stríðsmaður
Héros	Hetja
Immortalité	Ódauðleika
Jalousie	Öfund
Labyrinthe	Völundarhús
Légende	Þjóðsaga
Magique	Töfrandi
Monstre	Skrímsli
Mortel	Dauðleg
Tonnerre	Þrumur
Vengeance	Hefnd

Nature
Náttúran

Abeilles	Býflugur
Abri	Skjól
Animaux	Dýr
Arctique	Arktískur
Beauté	Fegurð
Brouillard	Þoka
Désert	Eyðimörk
Dynamique	Kvik
Érosion	Rof
Feuillage	Sm
Fleuve	River
Forêt	Skógur
Glacier	Jökull
Nuage	Ský
Paisible	Friðsælt
Sanctuaire	Helgidómur
Sauvage	Villt
Serein	Serene
Tropical	Tropical
Vital	Líflegt

Nombres
Tölur

Cinq	Fimm
Deux	Tveir
Décimal	Aukastaf
Dix	Tíu
Dix-Huit	Átján
Dix-Neuf	Nítján
Dix-Sept	Sautján
Douze	Tólf
Huit	Átta
Neuf	Níu
Quatorze	Fjórtán
Quatre	Fjórir
Quinze	Fimmtán
Seize	Sextán
Sept	Sjö
Six	Sex
Treize	Þrettán
Trois	Þrír
Vingt	Tuttugu
Zéro	Núll

Nourriture #1
Matur #1

Ail	Hvítlaukur
Basilic	Basil
Café	Kaffi
Cannelle	Kanil
Carotte	Gulrót
Citron	Sítrónu
Épinard	Spínat
Fraise	Jarðarber
Jus	Safa
Lait	Mjólk
Navet	Næpa
Oignon	Laukur
Orge	Bygg
Poire	Pera
Salade	Salat
Sel	Salt
Soupe	Súpa
Sucre	Sykur
Thon	Túnfiskur
Viande	Kjöt

Nourriture #2
Matur #2

Amande	Mönlu
Aubergine	Eggaldin
Banane	Banani
Blé	Hveiti
Brocoli	Spergilkál
Cerise	Kirsuber
Céleri	Sellerí
Champignon	Sveppir
Chocolat	Súkkulaði
Jambon	Skinka
Kiwi	Kíví
Mangue	Mangó
Oeuf	Egg
Pain	Brauð
Poisson	Fiskur
Pomme	Epli
Poulet	Kjúklingur
Raisin	Vínber
Riz	Hrísgrjón
Tomate	Tómat

Nutrition
Næringu

Amer	Bitur
Appétit	Matarlyst
Calories	Hitaeiningar
Comestible	Ætur
Diète	Mataræði
Digestion	Melting
Épices	Krydd
Équilibré	Rólegur
Fermentation	Gerjun
Glucides	Kolvetni
Liquides	Vökva
Poids	Þyngd
Protéines	Prótein
Qualité	Gæði
Sain	Heilbrigður
Santé	Heilsa
Sauce	Sósa
Saveur	Bragð
Toxine	Eiturefni
Vitamine	Vítamín

Océan
Haf

Algue	Þang
Anguille	Áll
Baleine	Hvalur
Bateau	Bátur
Corail	Kórall
Crabe	Krabbi
Crevette	Rækja
Dauphin	Höfrungur
Éponge	Svampur
Huître	Ostra
Méduse	Marglytta
Poisson	Fiskur
Poulpe	Kolkrabbi
Requin	Hákarl
Récif	Rif
Sel	Salt
Tempête	Stormur
Thon	Túnfiskur
Tortue	Skjaldbaka
Vagues	Öldur

Oiseaux
Fuglar

Aigle	Örn
Autruche	Strútur
Canard	Önd
Cigogne	Storkur
Colombe	Dúfa
Corbeau	Kráka
Coucou	Gaukur
Cygne	Svanur
Flamant	Flamingo
Héron	Heron
Manchot	Mörgæs
Moineau	Sparrow
Mouette	Máfur
Oeuf	Egg
Oie	Gæs
Paon	Peacock
Perroquet	Páfagaukur
Pélican	Pelican
Poulet	Kjúklingur
Toucan	Toucan

Outils
Verkfæri

Agrafe	Hefta
Agrafeuse	Heftari
Câble	Kabel
Ciseaux	Skæri
Colle	Lím
Corde	Reipi
Couteau	Hníf
Échelle	Stigi
Hache	Öxi
Maillet	Mallet
Marteau	Hamar
Pelle	Moka
Pinces	Tangir
Rasoir	Rakvél
Règle	Höfðingja
Roue	Hjól
Torche	Kyndill
Vis	Skrúfa

Pays #2
Löndum #2

Albanie	Albanía
Chine	Kína
Danemark	Danmörk
France	Frakkland
Haïti	Haítí
Indonésie	Indónesía
Irlande	Írland
Jamaïque	Jamaíka
Japon	Japan
Kenya	Kenía
Laos	Laos
Liban	Líbanon
Mexique	Mexíkó
Ouganda	Úganda
Pakistan	Pakistan
Russie	Rússland
Somalie	Sómalía
Soudan	Súdan
Syrie	Sýrland
Ukraine	Úkraína

Paysages
Landslag

Cascade	Foss
Colline	Hæð
Désert	Eyðimörk
Estuaire	Árós
Fleuve	River
Geyser	Goshver
Glacier	Jökull
Grotte	Helli
Iceberg	Ísberg
Île	Eyja
Lac	Stöðuvatn
Marais	Mýri
Mer	Sjó
Montagne	Fjall
Oasis	Vin
Péninsule	Skagi
Plage	Fjara
Toundra	Tundra
Vallée	Dalur
Volcan	Eldfjall

Pêche
Veiðar

Appât	Beita
Bateau	Bátur
Branchies	Tálkn
Crochet	Krókur
Cuire	Elda
Eau	Vatn
Exagération	Ýkjur
Équipement	Búnaður
Fil	Vír
Fleuve	River
Lac	Stöðuvatn
Mâchoire	Kjálka
Océan	Haf
Panier	Karfa
Patience	Þolinmæði
Plage	Fjara
Poids	Þyngd
Saison	Árstíð

Pirates
Sjóræningjar

Ancre	Akkeri
Aventure	Ævintýri
Capitaine	Kaptein
Carte	Kort
Cicatrice	Ör
Danger	Hætta
Drapeau	Fána
Épée	Sverð
Équipage	Áhöfn
Grotte	Helli
Île	Eyja
Légende	Þjóðsaga
Mauvais	Slæmt
Océan	Haf
Or	Gull
Perroquet	Páfagaukur
Pièces	Mynt
Plage	Fjara
Rhum	Romm
Trésor	Fjársjóður

Plage
Strönd

Bateau	Bátur
Bleu	Blár
Coquilles	Skeljar
Côte	Ströndinni
Crabe	Krabbi
Dock	Bryggju
Île	Eyja
Lagune	Lón
Mer	Sjó
Nager	Að Synda
Océan	Haf
Parapluie	Regnhlíf
Récif	Rif
Sable	Sandur
Sandales	Skó
Serviette	Handklæði
Soleil	Sól
Vacances	Frí
Voilier	Seglbátur

Plantes
Plöntur

Arbre	Tré
Baie	Ber
Bambou	Bambus
Botanique	Grasafræði
Buisson	Bush
Cactus	Kaktus
Engrais	Áburður
Feuillage	Sm
Fleur	Blóm
Flore	Flora
Forêt	Skógur
Grandir	Vaxa
Haricot	Baun
Herbe	Gras
Jardin	Garður
Lierre	Ivy
Mousse	Moss
Pétale	Krónublað
Racine	Rót
Végétation	Gróður

Professions #1
Störfum #1

Ambassadeur	Sendiherra
Artiste	Listamaður
Athlète	Íþróttamaður
Avocat	Lögmaður
Banquier	Bankastjóri
Bijoutier	Skartgripir
Chasseur	Veiðimaður
Comptable	Endurskoðandi
Danseur	Dansari
Entraîneur	Þjálfari
Éditeur	Ritstjóri
Géologue	Jarðfræðingur
Marin	Sjómaður
Mécanicien	Vélvirki
Médecin	Læknir
Pianiste	Píanóleikari
Psychologue	Sálfræðingur
Scientifique	Vísindamaður
Tailleur	Klæðskeri
Vétérinaire	Dýralæknir

Professions #2
Störfum #2

Agriculteur	Bóndi
Astronaute	Geimfari
Biologiste	Líffræðingur
Chercheur	Rannsóknir
Chirurgien	Skurðlæknir
Dentiste	Tannlækni
Détective	Einkaspæjara
Enquêteur	Rannsakanda
Enseignant	Kennari
Éditeur	Útgefandi
Illustrateur	Teiknari
Ingénieur	Verkfræðingur
Journaliste	Blaðamaður
Médecin	Lækni
Peintre	Málari
Philosophe	Heimspekingur
Photographe	Ljósmyndari
Pilote	Flugmaður
Professeur	Prófessor
Zoologiste	Dýrafræðingur

Randonnée
Gönguferðir

Animaux	Dýr
Bottes	Stígvél
Camping	Útjæða
Carte	Kort
Climat	Veðurfar
Eau	Vatn
Falaise	Bjarg
Fatigué	Þreyttur
Guides	Leiðsögumenn
Lourd	Þungt
Météo	Veður
Montagne	Fjall
Nature	Náttúran
Orientation	Stefnumörkun
Parcs	Garður
Pierres	Steinar
Préparation	Undirbúningur
Sauvage	Villt
Soleil	Sól
Sommet	Fundinum

Remplir
Til að Fylla

Baignoire	Pottur
Baril	Tunnu
Boîte	Kassi
Bouteille	Flösku
Caisse	Rimlakassi
Dossier	Mappa
Enveloppe	Umslag
Navire	Skip
Panier	Karfa
Paquet	Pakki
Plateau	Bakki
Poche	Vasa
Pot	Krukku
Sac	Taska
Seau	Fötu
Tiroir	Skúffa
Tube	Rör
Valise	Ferðatösku
Vase	Vasi

Restaurant #1
Veitingastaður #1

Allergie	Ofnæmi
Assiette	Diskur
Bol	Skál
Café	Kaffi
Caissier	Gjaldkeri
Couteau	Hníf
Cuisine	Eldhús
Dessert	Eftirréttur
Épicé	Sterkan
Ingrédients	Hráefni
Menu	Matseðill
Nourriture	Matur
Pain	Brauð
Poulet	Kjúklingur
Réservation	Pöntun
Sauce	Sósa
Serviette	Servíetta
Viande	Kjöt

Restaurant #2
Veitingastaður #2

Boisson	Drykkur
Chaise	Stól
Cuillère	Skeið
Déjeuner	Hádegisverður
Délicieux	Ljúffengur
Dîner	Kvöldmatur
Eau	Vatn
Épices	Krydd
Fourchette	Gaffal
Fruit	Ávöxtur
Gâteau	Kaka
Glace	Ís
Légumes	Grænmeti
Nouilles	Núðlur
Oeuf	Egg
Poisson	Fiskur
Salade	Salat
Sel	Salt
Serveur	Þjónn
Soupe	Súpa

Science
Vísindi

Atome	Atóm
Chimique	Efni
Climat	Veðurfar
Données	Gögn
Expérience	Tilraun
Évolution	Þróun
Fait	Staðreynd
Gravité	Þyngdarafl
Hypothèse	Tilgáta
Méthode	Aðferð
Minéraux	Steinefni
Molécules	Sameindir
Nature	Náttúran
Observation	Athugun
Organisme	Lífveru
Particules	Agnir
Physique	Eðlisfræði
Plantes	Plöntur
Scientifique	Vísindamaður

Science-Fiction
Vísindaskáldskapur

Atomique	Lotukerfinu
Cinéma	Kvikmyndahús
Dystopie	Dystópía
Explosion	Sprenging
Extrême	Extreme
Fantastique	Frábær
Feu	Eldur
Galaxie	Galaxy
Illusion	Blekking
Imaginaire	Ímyndað
Livres	Bækur
Monde	Heimur
Mystérieux	Dularfullur
Oracle	Véfrétt
Planète	Reikistjarna
Réaliste	Raunhæft
Robots	Vélmenni
Scénario	Atburðarás
Technologie	Tækni
Utopie	Útópía

Sports
Íþróttir

Arbitre	Dómari
Athlète	Íþróttamaður
Base-Ball	Hafnabolti
Basket-Ball	Körfubolti
Championnat	Úrslita
Entraîneur	Þjálfari
Équipe	Lið
Gagnant	Sigurvegari
Golf	Golf
Gymnase	Íþróttahús
Gymnastique	Leikfimi
Hockey	Hokkí
Jeu	Leikur
Joueur	Leikmaður
Mouvement	Samtök
Nager	Að Synda
Stade	Völlinn
Tennis	Tennis
Vélo	Reiðhjól

Surf
Brimbretti

Amusement	Gaman
Athlète	Íþróttamaður
Champion	Meistari
Débutant	Byrjandi
Estomac	Magi
Extrême	Extreme
Force	Styrkur
Foules	Mannfjöldi
Météo	Veður
Mousse	Froðu
Nager	Að Synda
Océan	Haf
Plage	Fjara
Populaire	Vinsæll
Récif	Rif
Style	Stíl
Vague	Bylgja
Vitesse	Hraði

Technologie
Tækni

Blog	Blogg
Caméra	Myndavél
Curseur	Bendill
Données	Gögn
Écran	Skjár
Fichier	Skrá
Internet	Netið
Logiciel	Hugbúnaður
Message	Skilaboð
Navigateur	Vafra
Numérique	Stafræn
Octets	Bæti
Ordinateur	Tölvu
Police	Leturgerð
Recherche	Rannsóknir
Sécurité	Öryggi
Statistiques	Tölfræði
Virtuel	Raunverulegur
Virus	Veira

Temps
Tíminn

Année	Ár
Annuel	Árlega
Après	Eftir
Avant	Áður
Bientôt	Bráðum
Calendrier	Dagatal
Décennie	Áratugur
Futur	Framtíð
Heure	Klukkustund
Hier	Í Gær
Horloge	Klukka
Jour	Dagur
Maintenant	Núna
Matin	Morgunn
Midi	Hádegi
Minute	Mínúta
Mois	Mánuður
Nuit	Nótt
Semaine	Vika
Siècle	Öld

Types de Cheveux
Hárið Tegundir

Argent	Silfur
Blanc	Hvítur
Blond	Ljóshærður
Boucles	Krulla
Brillant	Glansandi
Chauve	Sköllóttur
Coloré	Litað
Court	Stutt
Doux	Mjúkur
Épais	Þykkur
Frisé	Hrokkið
Gris	Grár
Long	Langt
Marron	Brúnt
Mince	Þunnur
Noir	Svart
Sain	Heilbrigður
Sec	Þurr
Tresses	Fléttur
Tressé	Fléttum

Vacances #2
Frí #2

Aéroport	Flugvöllur
Camping	Útjæða
Carte	Kort
Destination	Áfangastaður
Étranger	Útlendingur
Hôtel	Hótel
Île	Eyja
Loisir	Tímist
Mer	Sjó
Montagnes	Fjöll
Passeport	Vegabréf
Photos	Myndir
Plage	Fjara
Taxi	Taxi
Tente	Tjald
Train	Lest
Transport	Samgöngur
Vacances	Frí
Voyage	Ferð

Vertus #1
Dyggðir #1

Artistique	Listrænn
Bon	Góður
Charmant	Heillandi
Confiant	Öruggur
Curieux	Forvitinn
Décisif	Afgerandi
Drôle	Fyndið
Efficace	Skilvirkur
Fiable	Árauðast
Généreux	Örlátur
Imaginatif	Hugmyndaríkur
Indépendant	Óháður
Intelligent	Greindur
Modeste	Hógvær
Passionné	Ástríðufullur
Patient	Sjúklingur
Pratique	Hagnýt
Propre	Hreint
Sage	Vitur
Utile	Hjálpsamur

Véhicules
Ökutæki

Ambulance	Sjúkrabíll
Avion	Flugvél
Bateau	Bátur
Bus	Rúta
Camion	Vörubíll
Caravane	Hjólhýsi
Ferry	Ferja
Fusée	Eldflaug
Hélicoptère	Þyrla
Moteur	Mótor
Navette	Skutla
Pneus	Dekk
Radeau	Fleki
Scooter	Vespu
Sous-Marin	Kafbátur
Taxi	Taxi
Tracteur	Dráttarvél
Train	Lest
Vélo	Reiðhjól
Voiture	Bíll

Vêtements
Fötin

Bracelet	Armband
Ceinture	Belti
Chapeau	Hattur
Chaussure	Skór
Chemise	Skyrta
Chemisier	Blússa
Collier	Hálsmen
Foulard	Trefil
Gants	Hanska
Jeans	Gallabuxur
Jupe	Pils
Manteau	Kápu
Mode	Tíska
Pantalon	Buxur
Pull	Peysa
Pyjama	Náttföt
Robe	Kjóll
Sandales	Skó
Tablier	Svuntu
Veste	Jakki

Ville
Bærinn

Aéroport	Flugvöllur
Banque	Banki
Bibliothèque	Bókasafn
Boulangerie	Bakarí
Café	Kaffihús
Cinéma	Kvikmyndahús
École	Skóli
Fleuriste	Blómabúð
Galerie	Gallerí
Hôtel	Hótel
Librairie	Bókabúð
Marché	Markaður
Musée	Safn
Pharmacie	Apótek
Salon	Snyrtistofa
Stade	Völlinn
Supermarché	Matvörubúð
Théâtre	Leikhús
Université	Háskóli
Zoo	Dýragarður

Félicitations

Vous avez réussi !

Nous espérons que vous avez apprécié ce livre autant que nous avons pris plaisir à le concevoir. Nous faisons de notre mieux pour créer des livres de la meilleure qualité possible.
Cette édition est conçue pour permettre un apprentissage intelligent et de qualité en se divertissant !

Vous avez aimé ce livre ?

Une Simple Demande

Nos livres existent grâce aux avis que vous publiez. Pourriez-vous nous aider en laissant un avis maintenant ?

Voici un lien rapide qui vous mènera à votre page d'évaluation de vos commandes :

BestBooksActivity.com/Avis50

CHALLENGE FINAL !

Défi n°1

Êtes-vous prêt pour votre jeu bonus ? Nous les utilisons tout le temps mais ils ne sont pas si faciles à trouver. Voici les **Synonymes** !

Notez 5 mots que vous avez trouvés dans les puzzles notés ci-dessous (n°21, n°36, n°76) et essayez de trouver 2 synonymes pour chaque mot.

Notez 5 Mots du *Puzzle 21*

Mots	Synonyme 1	Synonyme 2

Notez 5 Mots du *Puzzle 36*

Mots	Synonyme 1	Synonyme 2

Notez 5 Mots du *Puzzle 76*

Mots	Synonyme 1	Synonyme 2

Défi n°2

Maintenant que vous vous êtes échauffé, notez 5 mots que vous avez découverts dans les Puzzles n° 9, n° 17, n° 25 et essayez de trouver 2 antonymes pour chaque mot. Combien pouvez-vous en trouver en 20 minutes ?

Notez 5 Mots du **Puzzle 9**

Mots	Antonyme 1	Antonyme 2

Notez 5 Mots du **Puzzle 17**

Mots	Antonyme 1	Antonyme 2

Notez 5 Mots du **Puzzle 25**

Mots	Antonyme 1	Antonyme 2

Défi n°3

Formidable ! Ce défi final n'est rien pour vous.

Prêt pour le dernier défi ? Choisissez 10 mots que vous avez découverts parmi les différents puzzles et notez-les ci-dessous.

1.	6.
2.	7.
3.	8.
4.	9.
5.	10.

Maintenant, composez un texte en pensant à une personne, un animal ou un lieu que vous aimez !

Astuce: Vous pouvez utiliser la dernière page de ce livre comme brouillon !

Votre Composition :

CARNET DE NOTES :

À TRÈS BIENTÔT !

Toute l'équipe

DECOUVREZ DES JEUX GRATUITS

GO

BESTACTIVITYBOOKS.COM/FREEGAMES